アムンディ・ジャパン 編

ESG 入門 新版

Environment Social Governance

経営、投資での実装

日本経済新聞出版

はじめに

本書は、2018年にアムンディ・ジャパンが執筆した『社会を変える投資　ESG入門』の改訂版です。当時は、スチュワードシップ・コードやコーポレートガバナンス・コードなどの制定を受け、ESGのうち、特に企業統治（ガバナンス、G）に焦点を当てながら、これから社会を変えていくために企業や投資のあるべき姿について記しました。

この3年余りを見ても、環境や、環境と経済のつながりに関する世の中の認識は劇的に変化しています。特に気候変動に関しては、主要国が取り組みを進める中で、日本も2050年までに「カーボン・ニュートラル」を達成するために、温室効果ガス排出量を2030年までに2013年度比で46％削減する大きな目標を掲げています。メディアではSDGs（持続可能な開発目標）に加えて、「脱炭素」という言葉を頻繁に目にするようになり、社会の意識も変わりつつあります。

一方、2020年の新型コロナウイルスの感染拡大とそれに続く緊急事態宣言による活動の制限は、公衆衛生、働き方や人権、サプライ・チェーンの脆弱性など、今まで続いてきたシステムの中でどうしても別物と考えがちだった「社会」と「経済」のつながりを改めて認識するきっかけにもなりました。

こうした状況の中で、市場における関心もＥＳＧ全般に広がっていることから、今回の改訂では、持続可能性という観点で「ＥＳＧの実装」について、アムンディでの取り組みや実務面での経験を踏まえて考えをまとめました。多様な課題、テーマを網羅することは到底できませんが、よりＥＳＧを「自分事」としてとらえる上での参考となれば幸いです。

２０２１年９月

編　者

第2章

ESGとは何か

第3章 ESGを経営に実装する

第4章 ＥＳＧを投資に実装する

第1章

ESGを知るために

① 企業活動を俯瞰する

1 改めて企業の活動を考える

私たちは、この本で「企業」や「会社」と言う場合に「株式会社」を想定しています。株式会社とは、その事業に賛同する仲間（company）の間でリスクを分担して、1人の資金では賄えないような大きな予算をもって「ビジネス」に投資を行うための仕組みです。首尾よく成功した場合には、仲間の間でその成果を分け合い、また次の投資につなげます。そして、運営する上では、常に期待される成果を得るべく、リスクに照らして判断を下すことが求められます。ちなみにESGのG（ガバナンス）というのは、このプロセスをきちんと機能させることにかかわっています。

それでは、ビジネス＝事業とは何でしょうか。

いろいろなビジネスがありますが、共通して言えるのは、世の中のニーズを満たすようなモノやサービスを創り出して提供し、利用する人からその便利さの対価を得る行為だということです。

ビジネスをやる上では、さまざまなことについて判断して決定をしなければなりません。事業を行う人は、どうすればビジネスを順調に成長させていくことができるかをいつも考えています。その中で最も大切なのは、儲かっているかどうか、どうやれば与えられた「ヒト、モノ、予算」で利益を最大にできるか、ということです。

2　さまざまなステーク・ホルダーとの関係の中での位置づけ

しかし、ここで考えてみなければならないことがあります。企業は、自分だけで事業を進めることができるのでしょうか。

答えはノーです。１つの企業の活動には実にいろいろな人、相手がからみ、周囲にさまざまな影響を与えると同時に企業も大いに影響を受けています。こうした周りにいて直接的あるいは間接的にかかわりを持つ人や組織のことをまとめて「ステーク・ホルダー（stakeholders）」と言います。

ステーク・ホルダーには、その企業で働く人と家族、取引先の企業やお客様、行政や監督する機関、さらに、その企業が活動する地域社会、モノやサービスを提供する市場などがあげられます。

例えば、働く人の採用が思うようにできなければ、事業の継続に影響が及びます。規制が変わることで材料が手に入らなくなることもあります。また、ある企業が工場を建てるとその地域に雇用が生まれ、自治体の税収増にもつながります。

今日のＥＳＧへの関心の高まりは、企業の存続が、多くのステーク・ホルダーとの関係の中で位置づけられているという認識によるものです。そして、同時により構造的な変化にともなう社会的な価値観にも関連しています。

3 ＩＩＲＣが定義する「６つの資本」

企業の活動をとらえるためのフレームワークを、国際統合報告協議会（ＩＩＲＣ）は「６つの資本」で整理しました。ＩＩＲＣは、規制当局、投資家、企業、会計専門家、ＮＧＯなどが集まってできた評議会です。統合報告や統合的思考を推進し、企業が利益追求だけではなく、安定的な資本市場の発展と持続可能な社会の発展が達成されるような資本配分や企業活動が行われるようになることを目指しています。

「６つの資本」とは、財務資本、製造資本、知的資本、人的資本、社会関係資本、自然資本です。そもそも株式会社は投資家から資金を集めてビジネスを行い、そのために必要なコストを払ったあとに残る利益の一部を将来の投資のために手元にとどめるとともに、一部を出資した投資家に還元します。企業の行動のこうした側面は広く理解されています。

しかし、この「６つの資本」の考えはもっと広い視野に立っています。企業の活動のために用いられているのは、こうした「財務資本」だけではないのです。

資本は価値の蓄積であり、企業の活動とその成果物を通じて増減して変換されるものです。では、ひとつずつ見ていきましょう。

①財務資本

会社設立にまず必要なのがお金です。個人事業であれ、上場企業であれ、事業を最初に起こすときに必要なのはお金です。これを出資という形で、事業者本人や、出資者を募って集めます。これが株主の資本です。

また、株主の資本以外にも設備を購入したり、商品在庫への投資をしたりするために期限を決めて銀行からお金を借りることがあります。これは貸出人の提供資本です。

株主の資本と貸出人の資本を合わせたものが財務資本です。

②製造資本

企業が製品を生産したり、サービスを提供したりするにあたって必要なものがあります。建物や工場、オフィスなどの設備、国や地方政府が提供するインフラ（道路、港湾、橋梁、廃棄物・水処理工場など）などです。販売目的で企業が作る製造物も製造資本にあたります。

③知的資本

知的資本は企業が固有で持っている知識ベースの無形資産で、法律上認められる特許、著作権、ソフトウエア、権利およびライセンスなどの知的財産権以外に、組織資本と言われるものがあります。組織資本とはいわゆる暗黙知やシステム、手順やプロトコルなど、企業が業務を遂行する上で重要な知識ベースのノウハウを指します。

④人的資本

企業がお客様に喜ばれる製品やサービスを生み出すためには人が欠かせません。事業にかかわる１人ひとりの能力が大事なのは言うまでもないのですが、その人たちが互いに協調する姿勢や何かを生み出そうという意欲、もしくは倫理観を持たなければ、長期的に社会に喜ばれるものを生み出すことはできなくなります。

こうした人的資本の中には、ガバナンスやリスク管理へのアプローチ、組織の戦略を理解し、開発し、実践する能力なども総称して含まれます。

⑤社会・関係資本

社会・関係資本と聞いて、悩まれる読者も多いと思います。資本と言いながら、企業活動で「使用されている」実感が少ないものだからではないでしょうか。

社会・関係資本とは、社会との関係において、コミュニティやステーク・ホルダーと情報や信頼感を共有し、幸福を高めるための能力と言えます。その能力の表れがブランドや評判であり、企業が事業を営むことについて社会が許諾してくれるという事実です。

例えば、従業員の人権を無視しているのではないかと疑われるブラック企業は、人的資本を損ねるばかりではなく、消費者からも非難の眼にさらされ事業存続が危ぶまれることがあります。また、途上国の委託先の工場で児童労働や生活できない賃金水準で従業員を酷使している事実が判明すると、直接の雇用者でないにもかかわらず委託元の企業は不買運動などの社会的制裁を受けます。

⑥ 自然資本

自然資本とは企業がモノ・サービスを提供する上で使用するすべての再生可能および再生不可能な環境資源を指します。20世紀に水俣病や四日市ぜんそくなどの公害を経験している日本では、企業が自然資本を損ねることで社会的な制裁を受けることは十分周知されていると思われます。また、著しい経済発展を遂げた今世紀の中国でも、自然資本を損ねる企業活動を制限する方向で、政府、社会が動いています。これらの動きは、人の健康が明らかに害されている事実に対して社会が動いたものです。

一方で短期的にはその影響が見えない、もしくは周囲のステーク・ホルダーには影響がなさそうな事象もあります。気候温暖化がその代表例です。

環境の変化がゆっくりかつ見えないところで進むため、食糧事情が変化したり気候変化で大きなダメージを受けたりする地域が出てきていることに実感をともなわないことがあります。しかしながら、社会の眼は厳しくなっており、こうした自然資本を毀損することに無頓着でいることで企業の社会・関係資本を損ねる時代になってきています。

企業の活動を６つの資本でとらえるために、例で考えてみましょう。ここに、ＡＩ（人工知能）を駆使してデータを分析し、マーケティングのコンサルティングを行う企業があったとします。解析したデータを解釈し、メッセージを効果的に発信する方法を考えるためには優秀なアナリストが必要です。個人の感性とともにデータを読み解くための専門知識を有するメンバーがいて初めて、コンサルティングは成り立ちます。もちろん、人間力に富むハートフルな営業人材も欠かせません。

また、分析を手がけるためには、膨大なデータを取得・保持して、効率的に分析を行うためのハードウエアとソフトウエア、分析のためのノウハウも必要です。マネジメントには、顧客の信用に応えるために、情報利用に関する強い倫理観とデータ管理について十二分な手段を取ることが求められます。

こうして書き出しただけでも、この企業の活動に必要なのは財務資本だけではないことがうかがえませんか。まず、ＩＴや統計などの分野の専門家からなる人的資本です。多様な視点による意見が尊重され、１人ひとりが認められるような職場でしょうか。独自の分析を行うためのデータ収集や解析手法などのノウハウ、また、市場で一定の評価を得た結果である「ブランド」などの知的資本。果たして、当社のノウハウは競争力を持っているでしょうか。

さらに、データを提供する相手、コンサルティングを行う顧客からの信頼、また、もっと広くこの企業がその町で事業を行っていることに対して地域からの支持を集めているという点で社会関係資本も使っています。また、データ保持にはベンダーを介してストアレッジ施設も必要で、ハードウエアを動かし、また、サーバを冷却するための設備も必要です。これらは間接的ながら製造資本です。

また、ハードウエアや冷房に必要とされる電力に関しては、再生エネルギーか伝統的な化石燃料による発電なのかの違いでその結果は異なるものの、自然資本を使っていることには変わりありません。

このＡＩマーケティング企業の例で、６つの資本のイメージをつかめたことと思います。図表１－１は「オクトパス・チャート」と呼ばれています。企業は、財務資本をはじめ、そのほかの５つの資本をインプットとして事業のプロセスに投入します。これらの資

図表1-1 企業の「価値創造プロセス」

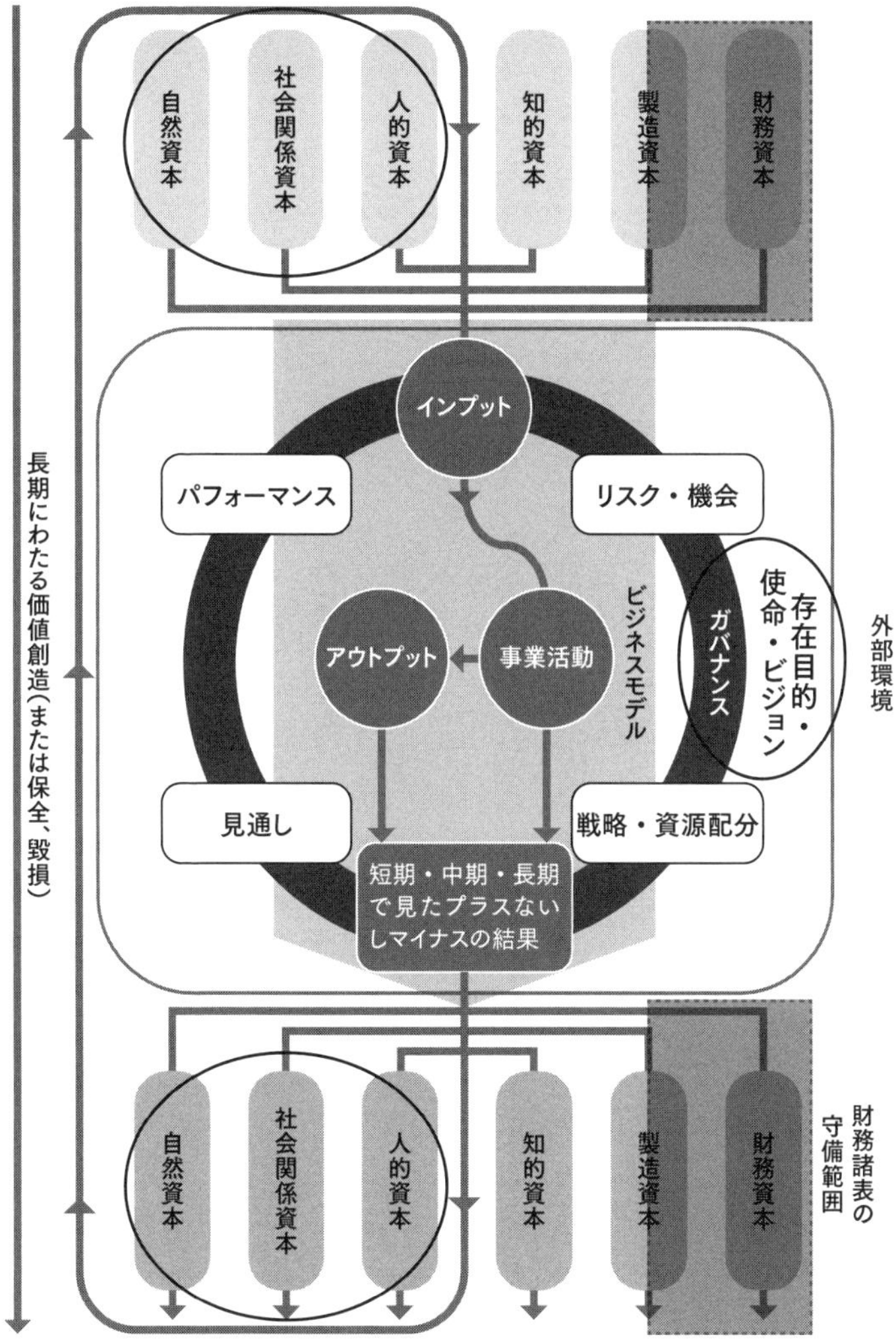

出所：IIRC International IR Framework, January 2021

本をどのように配分、活用してビジネスを行い、その過程で生じるリスクをどう管理するのかを決定するためには、ガバナンスが機能していなければなりません。事業の結果、モノなりサービスなりのアウトプットが生み出されます。そして、6つの資本の「増減」というアウトカムに結びつき、再びインプットとしてプロセスに取り込まれます。

大切なのは、いずれかの資本を毀損することは、企業活動の持続に大きな制約を与える点です。財務資本であれば、万一、手元資金が足りない状況になったときには、資本市場から調達することが可能です。

では、失った信用＝社会関係資本はどうでしょうか。長年かけて築いた信頼を一度の不祥事で失ってしまうと、回復するには相当の時間がかかります。また、人的資本を減らしてしまうと企業の競争力は大きな打撃を受けます。さらに、自然資本に至っては、一度失ってしまうと取り返しがつかないものです。今、議論が高まっている気候変動の問題で、なぜパリ協定が定めるゴールの実現が必要かというと、このまま温室効果ガスの排出が続くと我々が暮らす環境に不可逆な変化を及ぼし、生命の危機を招来する恐れがあるためです。

4　６つの資本とＥＳＧ、マルチステーク・ホルダー

「統合報告書」をつくるためのこのフレームワークの中には、環境（Ｅ）、社会（Ｓ）、ガバナンス（Ｇ）が包摂されていることがわかります。

これまで企業が開示し、投資家が利用してきた情報は、財務資本と製造資本、知的資本の一部に関するものであったと言えます。しかし、これらは投資対象となる企業に関する情報の一部しかとらえていません。

少し時点は古いのですが、米国証券取引委員会（ＳＥＣ）の資料によれば、Ｓ＆Ｐ５００の時価総額に占める有形資産の割合は１９７５年で83％を占めていましたが、２０１５年には13％にまで大きく低下しています。[*1] この間、産業構造は変化し、ノウハウや組織といった無形資産が事業を展開する上での重要性が高まるほか、環境に企業活動が及ぼす影響も認識されるようになりました。

先ほどのＡＩマーケティング企業の例で紹介したように、今や財務情報だけでは企業の姿を理解することはできず、非財務の領域にまで視野を広げなければ事業の全体が見えないのです。より良いガバナンス（Ｇ）の下で、企業がいかに６つの資本のいずれも減らさ

ないように、環境（Ｅ）と社会（Ｓ）を経営に実装し、その活動を持続できるかを理解するために提起されたのが、このフレームワークと言えます。

また、企業が意識すべき対象は株主だけでないことも見えてきます。日々の活動の中で、従業員、顧客、サプライヤー、コミュニティ、環境と企業はかかわらざるをえないのです。米国の主要企業経営者で組織されるビジネスラウンド・テーブルは、２０１９年８月に「株主第一主義」から「ステーク・ホルダー」の利害を考え活動すべきと唱えたことも記憶に新しいところです。

5　ＥＳＧと経営・投資

ＩＩＲＣのフレームワークを使って紹介した企業活動とＥＳＧについて、経営する側と投資を行う側から考えてみます。マイケル・ポーターが２０１１年に提唱した「共有価値創造」＝ＣＳＶと、２００６年に国際連合が採択した責任投資原則＝ＰＲＩは、ＥＳＧと経済的価値との関係をそれぞれ企業の経営、投資家のプロセスとして示しています。

①共有価値創造　ＣＳＶ

２００８年の世界金融危機のあと、それまでの資本主義のあり方を見直す動きが始まりました。その中で米国の経営学者であるマイケル・ポーターとマーク・クレイマーは、２０１１年の「ハーバード・ビジネス・レビュー」で発表した論文で「共有価値」という概念を定義しました。[*2] 共有価値とは、社会のニーズを満たし、課題に取り組むことで生み出される経済的な価値を指します。そして、ポーターとクレイマーは、コミュニティを経済と社会の両面で状態を向上できることは競争力であり、これを引き上げるようなビジネスを提唱しています。

これまで企業は、短期的な業績を上げるため、リストラを重ね、低コストを求め事業を海外に移転させて熾烈な競争を繰り返し、社会に負担をかけてきました。そこで、ＣＳＶは、企業のあるべき姿として、世の中で制約となっていることや「不都合」と向き合い、解法を見出すことの中でイノベーションを生み、生産性を引き上げ、市場を創出して拡大させていくことを説いているのです。

これを先ほどの６つの資本による企業の活動に結びつけると、マルチステーク・ホルダーの利害を考慮し、ＥとＳと経済のバランスを達成するという経営になります。

同論文では、途上国のコーヒー栽培農家に技術的なアドバイス、融資保証、品質管理などを通じてプレミアムで取引されるコーヒー豆の生産システムを構築し、農家の収入向上、環境保全とともに自らの安定調達を実現したネスレの例が紹介されています。

②責任投資原則 PRI

企業経営のプロセスとならんで、投資においてもEやSと経済的なリターンの両立を唱えたのが2006年の責任投資原則（Principles for Responsible Investments、PRI）です。PRIが提唱する責任投資は、ESG課題を考慮することを求める6つの原則から成り立っています（図表1－2）。

国連責任投資原則は、国連グローバル・コンパクトと国連環境計画・金融イニシアティブの2つのイニシアティブの下で策定されました。国連グローバル・コンパクトは、企業が人権や労働基準、環境、腐敗防止などの原則を経営方針や戦略の中に組み込むことを求めるもので、およそ160カ国の1万2551もの企業（2019年9月時点）が署名する、企業による持続可能性のための世界で最大の自発的なイニシアティブとなっています。

一方の国連環境計画・金融イニシアティブは、国連環境計画と金融業界のパートナーシ

図表1-2 責任投資原則

6つの原則と署名機関のコミットメント

機関投資家である私たちには、受益者の最善の長期的利益のために行動する責任があります。この受託者という役割において、環境、社会、コーポレート・ガバナンス(ESG)問題が投資ポートフォリオに影響を与える可能性があると考えています(企業、セクター、地域、資産クラス、時期により、その程度は異なります)。また、本原則を適用することにより、投資家をより広範な社会の目標に沿わせることができると認識しています。

したがって、私たちの受託者責任と矛盾しないかぎり、コミットメントとして、以下を約束します。

1	私たちは、投資分析と意思決定のプロセスにESGの課題を組み込みます
2	私たちは、活動的な所有者となり、所有方針と所有習慣にESGの課題を組み入れます
3	私たちは、投資対象の主体に対してESGの課題について適切な開示を求めます
4	私たちは、資産運用業界において本原則が受け入れられ、実行に移されるように働きかけを行います
5	私たちは、本原則を実行する際の効果を高めるために、協働します
6	私たちは、本原則の実行に関する活動状況や進捗状況に関して報告します

出所：PRI

ップで、資本市場が環境や社会課題の重要性などの持続可能性に対応するよううながすものです。

国連責任投資原則が策定された背景には、世界の持続可能な発展という目標を達成するためには、持続可能な金融システムの構築が必要であるとの考え方がありました。持続可能性とは、将来の世代のニーズを損なうことなく、現代の世代のニーズを満たすことを意味します。

金融は将来の発展のために、必要とされる企業や事業に資金を効果的に配分する役割を担っています。その責任を果たす上では、近視眼的にならず、長期的な展望に立って、投資先企業の財務に関する分析に加え、従業員や取引先、顧客、地域コミュニティなど、企業が社会に与える影響や環境に及ぼす影響などをさまざまな角度から把握し、さらに、企業の持続可能性についても十分に考慮して投資の意思決定を行うことが、持続的な運用においては重要であるとの考えです。

責任投資原則が策定されて間もなく、2008年に世界はリーマンショックという大きな金融危機を経験し、これにより金融市場の長期的な安定の実現に対する関心が世界的に高まりました。短期指向が金融危機を招いたとの強い反省の下、長期的な視点の重要性が

図表1-3　PRIの運用資産残高の伸びと署名機関数の伸び

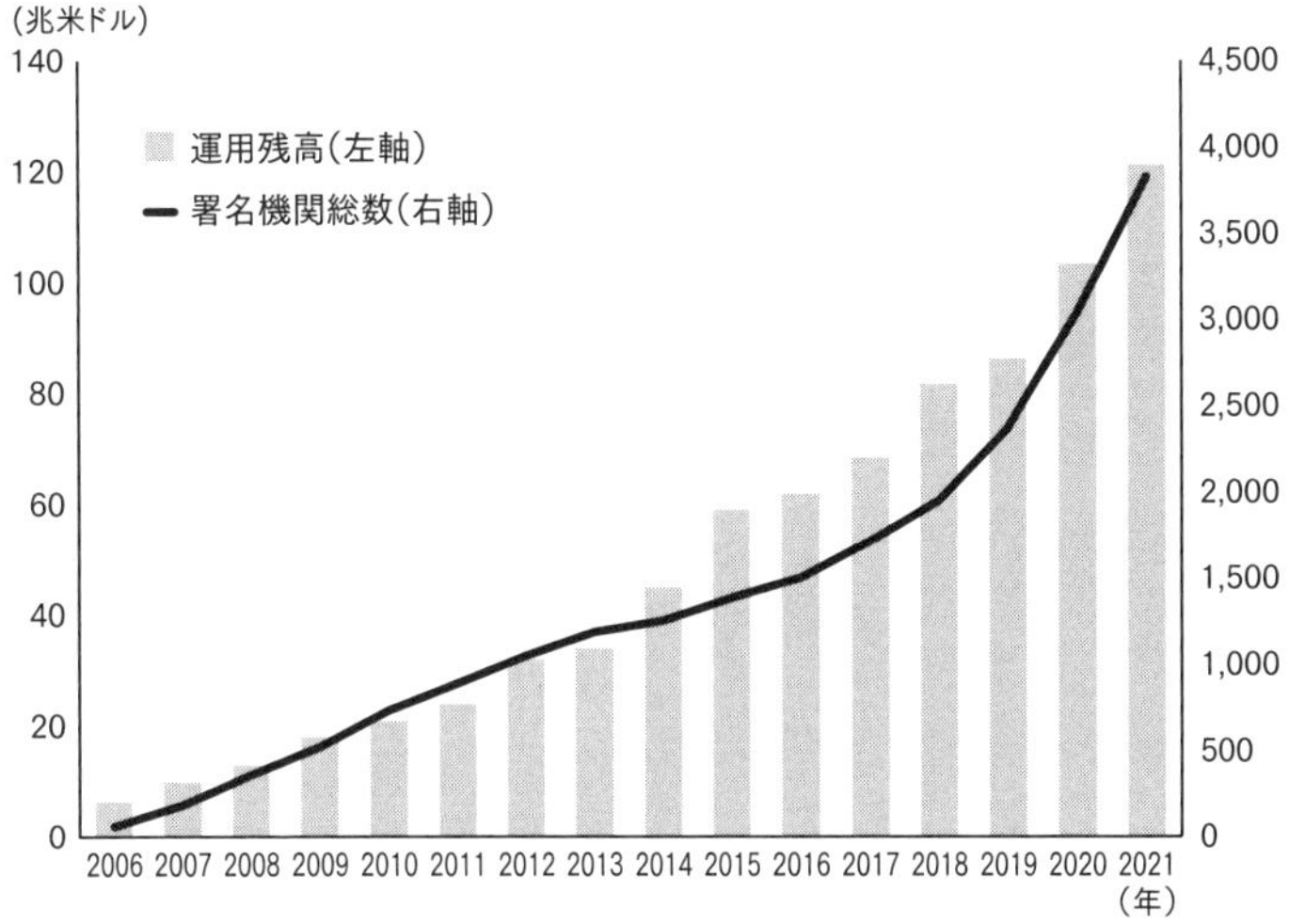

出所：PRI

改めて認識されたのです。

企業価値を長期的に向上させるためには、企業の持続可能性が大切であり、これを理解するには、企業活動の結果としての財務情報だけに注目するのではなく、これを生み出す元となっている企業の力を全体としてとらえる必要があるということです。その結果、従業員に関する情報、企業経営者に関する情報、製品の安全性への取り組み、環境負荷に対する管理の方針など、ＥＳＧ情報の重要性への認識が投資家の間で広がり、責任投資への大きなうねりをもたらしました。図表１－３が示すように、ＰＲＩに署名する機関の数は３８２６、運用資産残高は１２１・３兆米ドルにまで拡大しています。（２０２１年３月時点）。

6　持続的成長目標 SDGs

環境や社会の話をするときに、ＳＤＧｓが用いられることがよくあります。ＳＤＧｓとは、英語の Sustainable Development Goals の略です。「持続可能な開発目標」と訳されることもありますが、Development は先進国にも新興国にもかかわることですので、「成長目標」と考えるほうが良いでしょう。

２０１５年の国連会議で採択されたＳＤＧｓは、持続可能な成長に向けた協力の優先課題や世界のあるべき姿を、経済と社会、環境を包含するかたちで示しています。すでにカラフルなロゴでおなじみとなった17個の目標下（図表１－４）に１６９のターゲットと２３２の指標が示されています。

何がターゲットとしてあげられており、その達成を測る指標として示されているかをよく見てみると、そこには今後の社会で何が求められるのかを考える上での手がかりがある

図表1-4 持続的成長目標（SDGs）

出所：国際連合広報センター

図表1-5 **SDGs 目標 7 とターゲット**

7.1　2030年までに、安価かつ信頼できる現代的エネルギーサービスへの普遍的アクセスを確保する。
　7.1.1　電気を受電可能な人口比率
　7.1.2　家屋の空気を汚さない燃料や技術に依存している人口比率
7.2　2030年までに、世界のエネルギーミックスにおける再生可能エネルギーの割合を大幅に拡大させる。
　7.2.1　最終エネルギー消費量に占める再生可能エネルギー比率
7.3　2030年までに、世界全体のエネルギー効率の改善率を倍増させる。
　7.3.1　エネルギー強度（GDP当たりの一次エネルギー）
7.a ....
7.b ....

出所：総務省「持続可能な開発目標（SDGs）」指標仮訳（2021年6月）

ことがわかります。

例として目標7「エネルギーをみんなに、そしてクリーンに」を示します（図表1－5）。より多くの人の暮らしが良くなるように、地球上で電気を使える人の割合や、使われる電気のうち再生可能エネルギーで発電される割合、エネルギー効率改善が目標にあげられています。

このようにSDGsで示されるのが将来の重要課題でありニーズだとすれば、それぞれの企業で自分たちが持つ強みを使って経済ならびに社会・環境において影響を与えうる領域をバック・キャスティング（＝将来のあるべき姿から現在に「逆解き」）することによって、長期の経営戦略の立案

図表1-6 長期の「価値創造」とリターン強化

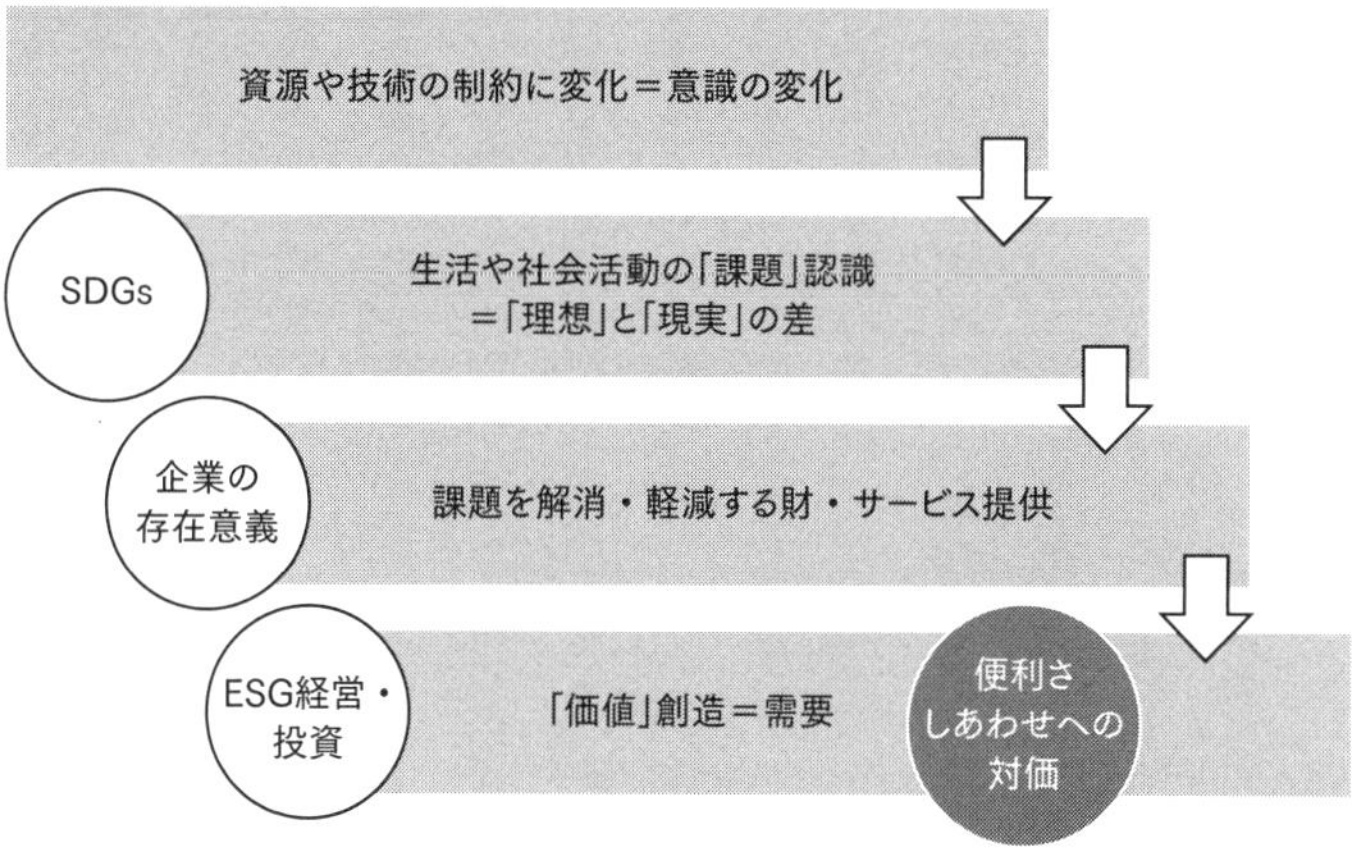

出所：三宅秀道『新しい市場のつくりかた』（東洋経済新報社）を参考にアムンディが作成

に役立てられるのではないでしょうか。

7　ＥＳＧとＳＤＧｓをつなげる

ＥＳＧの話をすると、ＳＤＧｓとどう違うのかという質問を受けることがよくあります。結論を先に言えば、ＳＤＧｓは目的でＥＳＧは手段です。企業の価値創造プロセスと合わせて考えてみたいと思います。図表１－６を参照してください。

ＳＤＧｓは読んで字のごとく「ゴール」です。私たちを取り巻く経済や社会は絶えず変化しています。テクノロジーの進歩を通じて可能なこと・領域が増える一方で、気候変動に代表されるように、自然資本などの経営資源から受ける制約もダイナミックに変化しています。すると、私たちの意識、社会的価値観にも変化が生まれ、次第に「理想」と「現実」との差が生まれます。ＳＤＧｓはこの課題を認識し世界に知らしめるものです。

企業の「価値創造プロセス」という場合の「価値」は、認識されている課題を解消したり、軽減したりするモノやサービスを提供することで生まれます。不便な状況が緩和されたり、今までできなかったことが可能になったり、あるいは、顧客に対してこれまでにない良質な体験が提供されることで、幸福を感じた利用者は対価を支払い、やがては市場＝需要がつくられていきます。

このような経済的価値の可能性として、例えば、デロイト トーマツ コンサルティングは、２０１８年にＳＤＧｓに関連する市場規模は17のそれぞれの目標で70兆円から８００兆円に達すると試算を公表しています。

そして、どういう価値をいかに提供したいのかを決定する上で前提となるのが、企業のパーパスです。パーパス（purpose）とは英語で目的という意味です。企業は誰のため、何のために存在するのか、と根本的な考えが今問われています。必要なのは、株主利益とともに世の中のニーズを満足させ、雇用を創り出し、地域社会に貢献していくという姿勢です。

そして、このプロセスを機能させるのが、「ＥＳＧ経営」であり「ＥＳＧ投資」です。経営者は、ステーク・ホルダーを広い視点でとらえ、企業のパーパスを実現するために資源配分してビジネスを進めるとともに、投資家は、資本の提供者としてこれを評価し後押しします。

このように見てみるとＳＤＧｓに代表される社会の課題を機会ととらえ、企業が価値創造を行うためのプロセスとしてＥＳＧがある、というように１つのつながりとしてとらえることができるのです。

2 経済社会的な背景

1 資本主義の限界

「資本主義とは何か」ということを厳格に語り始めると本書の紙幅制限を超えてしまいます。ここではごく簡単に説明しましょう。

通常、「資本」というと多くの場合は、「お金」を指すことが多いのではないでしょうか。なるほど企業というのは、その活動や事業の趣旨に賛同してくれる人、応援してくれる人からお金を集めて、必要な投資や研究、調査、宣伝を行い、モノを作り、サービスを提供した結果、対価を得て、お金を増やす行為を行っています。資本（お金）がモノ・サービスになって、また資本（お金）として成長していく過程が資本主義の特徴です。

今、成長と述べましたが、そのために必要なものは何でしょうか。それは、新しい市場です。新しい市場は、新技術によってこれまでになかった機能を持つ製品・サービスが生

図表1-7 世界経済の成長率

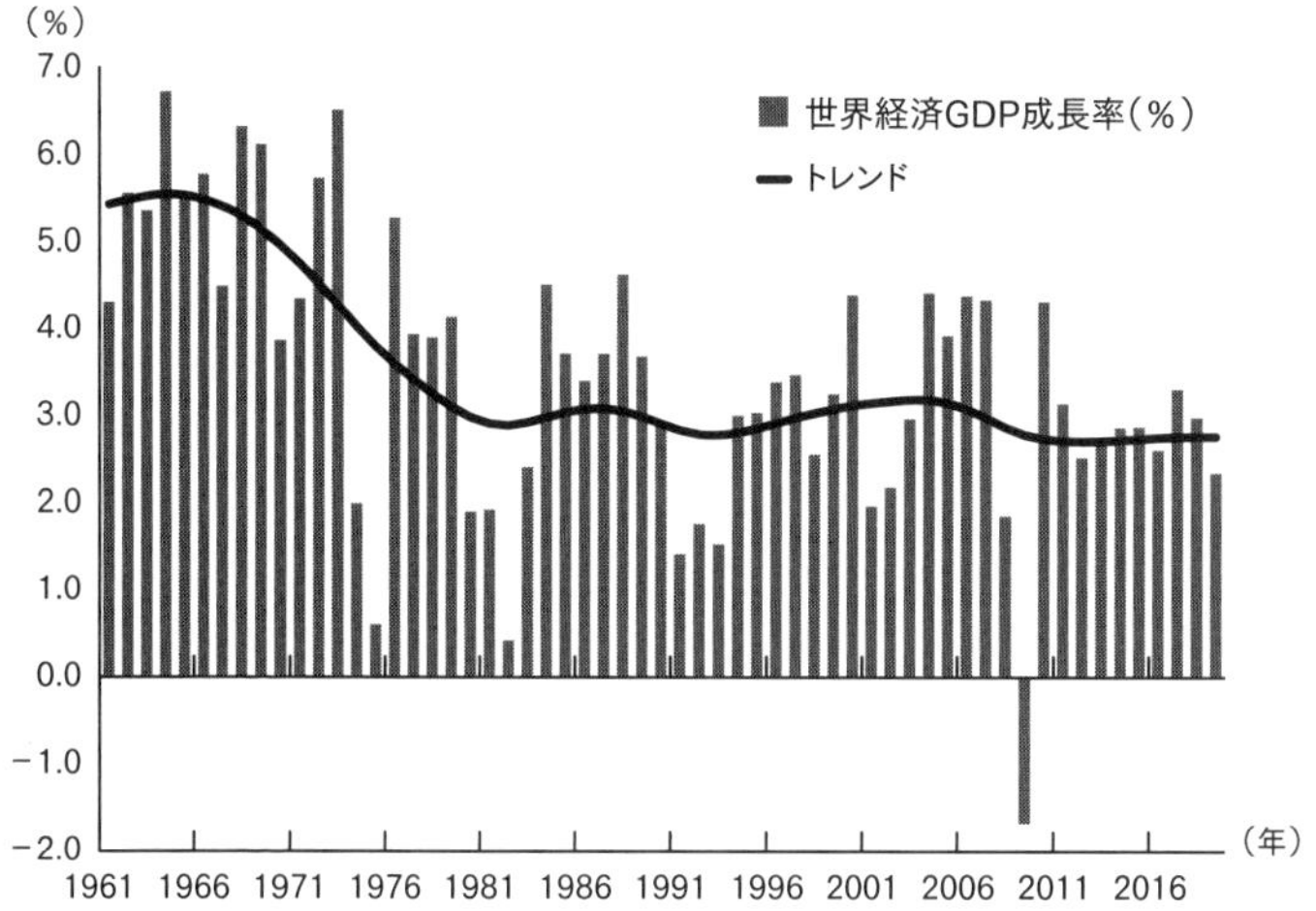

出所：世界銀行、アムンディ

まれることや、移動・運搬手段の向上やある国の政策にともなう市場開放を通じた空間や地理的な広がりなどによってもたらされます。

これまでの歴史を振り返ると、産業革命やエネルギー革命、通信技術の飛躍的進歩とそこから生まれた新技術によって絶えず市場は広がってきました。しかし、昨今、世界経済を見ると「長期停滞論」と呼ばれる考えが説くように、新技術がもたらす影響力がかつてほどの勢いをなくす一方で、同時に少子高齢化が進む中でモノやサービスを消費する市場の拡大も頭打ちとなり、市場は容易に広がらなくなりました。また、消費者も単純な機能・量を超えた付加価値を欲するようになりました。

図表1－7は、世界経済の成長率の毎年の伸びを示しています。年によって伸び率はまちまちですが、過去50年のトレンドを見ると1960年代の年率5・5％から足元では3％を下回る水準に下がってきています。

2 持続不可能な社会

このように世界経済の構造が変化する中で、我々は2つの大きな課題に直面しています。不公平な世代間負担と現世代での経済格差の問題です。

私たちの周りを見回すと、経済活動でエネルギー源として用いられてきた化石燃料（石油や石炭）は大気中の二酸化炭素を増加させ、気候変動を引き起こす要因となっています。開発がもたらした水資源、森林資源への影響も指摘されています。今や、地球上の人間の活動には、相当な「レバレッジ」（＝借り入れで元手を大きくして、より高いリターンを目指すこと）がかかっています。

グローバル・フットプリント・ネットワーク[*3]は、「エコロジカル・フットプリント」という指標[*4]を算出し、現代の人間の活動には地球が何個必要なのかを示しています。地球のキ

図表1-8　エコロジカル・フットプリント

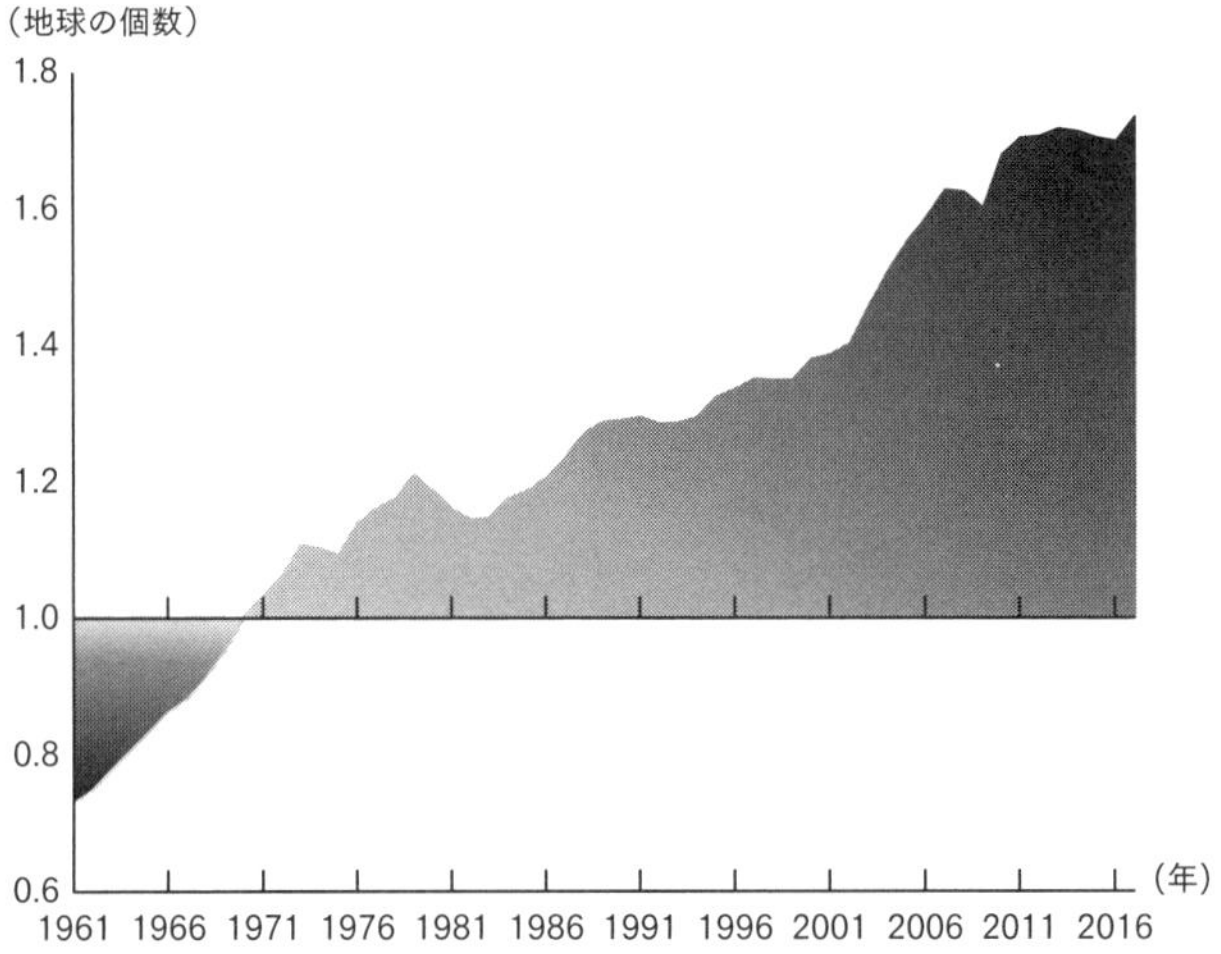

出所：Global Footprint Network、アムンディ

ャパシティーを突破したのは１９６９年で、その後も負荷は増え続け、２０１７年の値は１・73です（図表１―8）。

本来の限界を超えて地球の資源を利用して現在の豊かさを享受するシステムは、裏を返せば、将来の世代にきちんと残しておくべき資源を先食いしているわけです。スウェーデンの活動家グレタ・トゥーベリが、「将来世代」を代表して大変厳しい言葉で今の「大人世代」を批判したのは２０１９年の国連気候行動サミットのことでした。

同時に、足元の今を生きる世代の間でもこれまでの経済成長の果実を手にできるのが、社会の一部の人に限られているという「格差」と、そのことによって引き起こされる弊害も認識されています。

第2次世界大戦後、経済成長と繁栄を謳歌してきた資本主義システムは、1970年代に入って起こった2度の石油ショックで転換点を迎えました。世界経済はエネルギー価格の高騰をきっかけにインフレと不況が同時に起こるスタグフレーションに陥ります。

1978年の第2次石油ショックから経済を立ち直らせるために、米国や英国（そして遅れて日本でも）は、できるだけ民間の経済活動に介入せずに自由な競争に任せる政策を採用します。市場が効率的に資源の配分を決定するという考えが支持される中で、企業の意思決定は、資本の出し手である株主の利益が優先されて短期化していきます。それと同時に格差も拡大しました。

米国のEconomic Policy Instituteのリポート[*5]では、1948年から2019年の期間で生産性の上昇割合と従業員の給与の伸び率を比較しています。大変興味深いのは、1979年を境に大きく傾向値が変化していることです。1948年から1979年までの両者の伸び率は、それぞれ108・1%、95%でほぼパラレルに伸びていました。しかし、1979年から2019年は、生産性の伸びは72・2%であるのに対し、従業員への給与の伸びは17・2％にとどまっているのです。この差は、より多くの付加価値を生み出すことができても、その大半は資本の提供者に配分されてきたことを示しています。

確かに、格差の程度は国により差があります。しかし、現代に広がる経済的な格差は、医療や教育を受ける機会をはじめとして大きな歪みを生み、さらなる格差につながりうるものです。そして、人々が、同じ価値観を抱けない中で、これまでの社会システムが立ち行かなくなる恐れすらもあるのです。

3　個々の企業への示唆

視点を個々の企業の活動に戻します。常に新たな市場が出現し拡大する中にあっては、個々の企業はとにかく目の前に広がる市場をどう獲得するか、どう自分たちの利益を最大化するかに意識を集中することが許されていました。「パイ」が広がり、そこから得られる成果に皆が満足できる時代には、社会にもたらす不利益・コストに意識が及ぶことはなかったわけです。

ところが、今や多くの市場が成熟し、飽和状態にあります。市場拡大の機会が狭まる中で、あるビジネスが周囲にコスト負担を強いて、限られた機会をただ自己の利益最大化だけに利用したとすると、社会全体では成果よりも負の影響のほうが大きい可能性もあります。そうした企業は次第に市場からの支持を失い、あるいは規制の影響を受け、その存続が危うくなる恐れすらあるのです。

私たちは、生きている限り、より良い暮らし、幸福を求めます。そのために企業という仕組みがあり、その事業がもたらした付加価値に企業が対価を得ること自体は否定すべきものではありません。そして、人が長生きを望むように、企業も存続することを目指しています。

これまで市場の拡大を背景に「資金」の増大だけ＝利益の最大化を目指してきた企業にとっては、自分たちの活動を取り巻くより多くの人、社会への影響を考えなければ、ビジネスを長きにわたり続けることがかなわない世の中になったのです。

３ 歴史を知る

１　ＳＲＩからＥＳＧ投資へ

①根幹にあるのは社会的責任投資（ＳＲＩ）

前節では、国連責任投資原則が策定されたことで、ＥＳＧを投資の意思決定において考慮する責任投資が普及したこと、この目的は持続可能な金融システムの確立であること、ＥＳＧは企業の持続可能性を測る尺度と考えるとわかりやすいことを述べました。責任投資の根幹には社会的責任投資（ＳＲＩ）の歴史があります。

運用においては投資の成果が得られることが当然求められるのですが、社会的責任投資では、運用成果のみに着目せず、資金の出し手の価値観を投資の意思決定に反映します。資金が、出し手にとり適切ではない投資先に向けられた場合、その評判が大きく傷つく可能性があります。

この社会的責任投資は、1920年代の英米でキリスト教教会系資金による株式投資において、ギャンブル、武器、お酒やタバコの製造や販売に従事する企業を投資対象から除外することから始まりました。

その後、社会的責任投資は、時代が求めるものが変遷する中で、いろいろな課題を取り込んで発展していきます。投資において責任を果たすために考慮すべきことが変わってきたためです。

1960年代には世界各国で人権運動や社会運動が活発になり、ベトナム反戦や公民権運動、女性の権利などへの社会的な関心が高まりました。企業に働きかけるために、株主総会における株主提案の提出など株主行動も活発化し、イーストマン・コダックの株主総会では、黒人従業員の雇用と労働条件の改善を求めた株主提案なども提出されました。

1980年代にはアパルトヘイト政策が問題視され、南アフリカで事業を行う国の持つべき行動規範を規定したサリバン原則が米国の多くの投資家の関心を呼び、これに従わない同国の企業に対する投資を行わないという運動につながりました。

1990年代後半には、環境破壊、生態系への影響、環境汚染、温暖化など環境問題の重要性への認識が世界的に高まりました。とりわけ1989年のエクソンのバルディーズ号のアラスカ沖での座礁による原油流出事故は、生態系に深刻な影響を与えるということで世界の関心が集まりました。同社は環境汚染除去や賠償により巨額な損失を課され、株価も大幅に下落します。企業の環境管理への対応が国際社会の厳しい目にさらされるようになり、この事故を機に環境に責任を持つ経済のための連合（ＣＥＲＥＳ）が設立されました。

ＣＥＲＥＳが国連環境計画と共同で設立した非営利団体の持続可能性報告ガイドライン（ＧＲＩ）は、持続可能性に関して世界の企業が基準とする国際的な報告ガイドラインを策定しています。環境団体による活動の活発化により、企業のみならず金融界も融資などにおいて環境への影響を配慮することが求められるようになっていきました。

１９９２年の国連環境開発会議（地球サミット）で合意されたリオ宣言は、持続可能性に関する最初の国際的な成果と言えます。人類共通の目的として、経済成長至上主義を地球の生態系に配慮した発展に転換する必要性が合意され、21世紀に向け持続可能な開発を実現させるための包括的な行動計画として「アジェンダ21」が採択されました。

企業活動のグローバル化、ボーダーレス化にともない、企業の影響力が格段に大きくなったことにより、環境、社会に与える影響を適切に認識し、責任を持った対応をしているのか、企業の社会的責任がますます注目されるようになりました。そして、投資家には投資先企業の事業活動を見極め、持続的な金融システムの構築に向けて責任を持って取り組むことが期待されるようになったのです。

もし国連が提唱した責任投資が、特定の価値の実現を目的とする社会的責任投資の範疇にとどまったのであれば、世界的に普及することはなかったかもしれません。しかし、国連責任投資原則は、ＥＳＧを考慮する動機を長期的な受益者の利益の最大化としています。持続可能性の観点から、ＥＳＧ課題が企業および投資のパフォーマンスに及ぼす影響があり、ＥＳＧを考慮すべきとした、ということです。このため、幅広い投資家層の間で責任投資が支持されることになりました。

② 責任投資の拡大

国連責任投資原則が策定されてから、わずか10年の間に責任投資原則に署名する機関投資家の数、そして、署名する運用機関の資産総額は急速に増大しています（前掲、図表１―３）。

また、米国、カナダ、欧州、豪州、日本のサステナブル投資に関する組織が公表した統計をまとめる「グローバル・サステナブル・インベストメント・レビュー（GSIR）2020」によれば、これらの主要市場において、ESGを考慮する運用の残高は35・6兆ドルであり、運用資産全体に占める割合は約36％を占めています。

欧州を中心として始まったこうした世界の動きに日本は立ち遅れていました。しかし、2014年以降のガバナンス改革でスチュワードシップ・コードとコーポレートガバナンス・コードの2つのコードが策定され、運用業界の責任投資への取り組みが始まるきっかけとなりました。

2015年には、日本国民の年金基金を運用する世界最大の機関投資家・年金積立金管理運用独立行政法人（GPIF）が、責任投資原則に署名して持続可能な開発の実現に貢献することを表明しました。2017年に、GPIFは、ユニバーサル・オーナーとして、複数のESG関連株式指数を採用しESG投資を開始しました。

GPIFは、東京証券取引所に上場するほとんどの企業の株式を保有する巨大な投資家です。GPIFで行われている年金積立金の運用は、将来の給付のためであり、長期的な観点で投資目標は設定されています。そして、運用資産をリスクから守るためにも、投資先企業の持続可能性が重要になるのです。

２０２０年は、ＥＳＧ投資が加速した年と言えます。新型コロナウイルスの感染拡大はこれまでの経済活動・社会生活を顧みる機会となりました。そして、同年10月には、日本もパリ協定の目標実現向け、２０５０年までに温室効果ガス排出量を実質ゼロにする目標を掲げました。改訂が行われたスチュワードシップ・コードおよびコーポレートガバナンス・コードにおいては、持続的成長という考えが明確に示され、適切なガバナンスの下で経済と環境、社会の両立に向けた取り組みが求められています。ＮＰＯ法人の日本サステナブル投資フォーラム（ＪＳＩＦ）によれば、国内に拠点を持つ機関投資家が行う持続可能性に配慮した投資の残高は、２０１５年の26兆円から２０２０年の３１０兆円へと大きな伸びを示しています。

④ 日本の「インベストメント・チェーン」

1 「インベストメント・チェーン」とは何か

日本でESGの考え方が広がるきっかけとなったのは、2014年に策定されたスチュワードシップ・コード――「責任ある投資家」の諸原則――ではないでしょうか。

日本の株式市場を活性化するためのコーポレートガバナンス改革は、第2次安倍晋三政権の主要政策の1つで、最初のスチュワードシップ・コードでは、まず、企業とアセット・マネジャーとの間で「目的を持った対話」を求め、財務パフォーマンスのKPIとしてROE（資本収益率）を提唱しました。その後、2017年の改訂でESGが明記され、[*6]2020年にはサステナビリティ（持続可能性）が明示的に記載されました。[*7]

つまり、日本における責任投資の流れは、ガバナンス改革から始まり、そこから環境・社会という視点が加わり、これらを総合して目指す「持続的成長」という世界の大きな流

図表1-9 「インベストメント・チェーン」

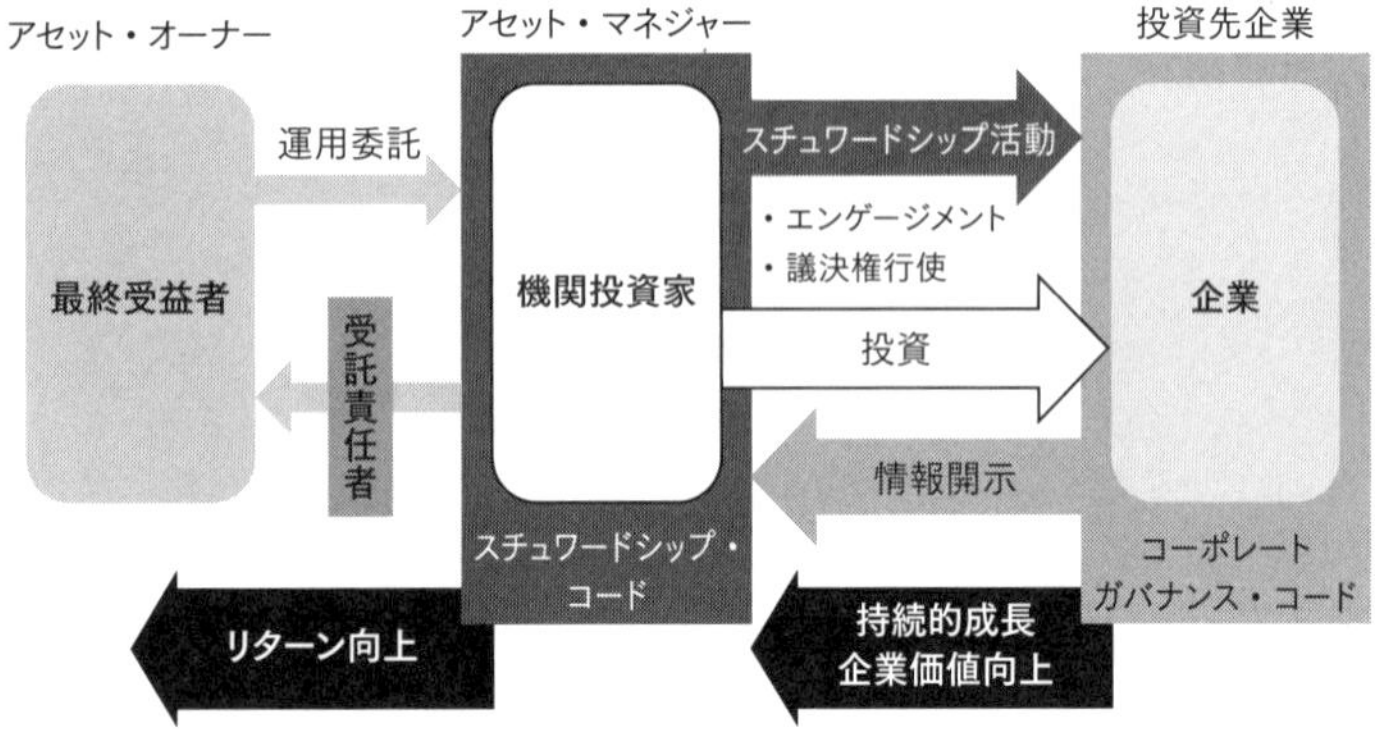

出所：アムンディ

れに合流したと言えます。この目的を果たす上で大切なのが、資本市場の参加者である企業（発行体）とアセット・マネジャー、アセット・オーナーとからなる「インベストメント・チェーン」（図表1－9）が有効に機能することです。

「インベストメント・チェーン」という概念は、2014年に発表された日本のコーポレートガバナンス改革の青写真を示した「伊藤レポート」で用いられました。インベストメント・チェーンは、「資金の提供者から、資金を最終的に事業活動に使う企業に至るまでの経路および各機能のつながり」と定義されています。

図表1－9は、インベストメント・チェーン

の主要な参加者と相互の関係を示しています。目指すのは、図表の下側で右から左に伸びる2つの矢印が示すように、アセット・マネジャーの投資先企業に対するスチュワードシップ活動が、長期で持続的な企業価値の向上をうながし、アセット・オーナーの運用目的を達成するための投資リターン向上につながるという一連の流れを創り出すことです。

以下で、それぞれの主体について説明します。

①アセット・オーナー

アセット・オーナーとは、資産（アセット）の保有者（オーナー）である公的年金や企業年金、学校法人、財団などのことを指します。

それぞれのアセット・オーナーは、年金受給者や加入者、契約者などに対する給付や保険金の支払いという債務を負っています。それぞれの投資目的に対して、運用全般に関する方針を定めており、本書のテーマとの関係で言うと、「運用資産の中にＥＳＧをどのように反映するのか」に対する考えも示されるようになってきています。

アセット・オーナー自らが株式や債券への投資を行う場合もありますが、制度的な理由やリソースの制約もあるため、ファンドや投資一任契約を通じて第三者に運用委託が行われます。そして、運用を受託するのが、投資運用業者や信託銀行などのアセット・マネジャーです。

②アセット・マネジャー

アセット・マネジャーは契約に従い、最終受益者＝アセット・オーナーの利益のために投資判断を行い、売買を執行する責任を負っています（＝受託者責任）。

それぞれの契約では、「ガイドライン」において委託する資産の運用手法や投資対象、投資制約、許容するリスク、目標とするリターンなどの諸条件が定められており、これに則り運用が行われます。アセット・マネジャーは運用状況についての定期的な報告をアセット・オーナーに行います。

図表1－9に示されている「機関投資家」という言葉は、自身で投資判断を行い執行するアセット・オーナーと運用の受託者であるアセット・マネジャーを合わせて、1つの市場参加者としてとらえる際に用いられています。そして、図表1－9には表れていませんが、インベストメント・チェーンにおいて、証券会社は、機関投資家からの発注を受けて売買の執行を取り持つほか、機関投資家の投資対象企業へのアクセスをサポートすること

も行っています。

さて、２０１４年に定められたスチュワードシップ・コードは、アセット・オーナーやアセット・マネジャーにとっての行為規範で、２０２１年４月時点で３０７の機関がスチュワードシップ・コードの受け入れを表明しています[*8]。「責任ある機関投資家」として投資先企業の持続的成長を促し、顧客・受益者の中長期的な投資リターン拡大を図るため、①投資先企業の状況の的確な把握、②投資先企業と認識の共有・問題の改善を図るための「目的を持った対話」（エンゲージメント）、③株主総会での議決権行使、④顧客・受益者に対するスチュワードシップ責任の定期的報告、などが求められています。

③企業（投資先企業）

コーポレートガバナンス・コードは２０１５年に制定されました。株主をはじめとするステーク・ホルダーとのかかわり方、情報開示、取締役会の機能などに関する上場企業の行為規範として位置づけられます。株主との関係に関して、コーポレートガバナンス・コードは、企業が情報開示を充実させ（基本原則３）、持続的成長と長期的な企業価値の向上に資するために株主との建設的な対話を行うこと（基本原則5）をうながしています。

2 日本にとっての意義——国富を守る

統合思考の下でESGを経営と投資に取り込み、効果的にインベストメント・チェーンが機能したその先にはいったい何があるのでしょうか。ESGを考慮した投資では、企業はESGの格付けによって投資家の選別を受けることになります。しかし、ESGの本当のインパクトは、それが、国の経済のあり方を変える可能性があるところです。

20世紀までのモノの豊かさが求められていた時代から、21世紀はグローバル化や情報化を通じて、多様な価値観や地球規模での問題解決に人々の焦点が移ってきています。それに応じて企業が考えなければいけない課題は「売れるモノ」を作って届けることから、「問題を解決する」ことに比重が移ってきていると思われます。そして、そのような転換ができている企業が今後持続的な発展をすることが期待されています。そして、個々の企業でこうした取り組みが広がり定着することが、それを集約したマクロ・レベルで日本の「国富」が守られることにつながるのです。

第2章

ESGとは何か

1 異なる3つの言葉を1つに

ＥＳＧは、環境（Environment）、社会（Social）、企業統治（Governance）の頭文字をとった略語です。なぜ、まったく異なる3つの言葉を1つにする必要があったのでしょうか。誰がこの言葉を最初に唱えたのかについて歴史をさかのぼると、その理由が見えてきます。

ＥＳＧという言葉が最初に使われたのは、2006年、当時のコフィー・アナン国連事務総長が「責任投資」を提唱したときでした。この責任投資とは何でしょうか。これは、投資のアプローチの1つで、ＥＳＧを投資判断の要素に入れて、リスクを管理するとともに長期の持続的な運用成果を目指すものです。第1章で紹介した「責任投資原則」は、投資家に資本市場を通じて持続可能な経済・社会を実現していく過程に参画することを求めています。その手段としてＥＳＧは位置づけられています。

この章では、その1つひとつにどのような項目があるのか、そして、アムンディではどのように評価を行っているかを紹介します。

②「環境（Environment）」が意味するもの

環境に関する課題は、地球上で生活するすべての人間に何がしかの影響を及ぼす、影響力が大きい課題です。また、事業による環境への負荷は、企業など影響を及ぼした主体によって適切に費用負担されない場合が少なくありません。そして、負の影響が増大した結果、社会的な問題となったときに新たな制度やルールが制定され、企業などに想定しなかった費用が課される可能性があります。これは潜在的な財務リスクです。この点から、企業には長期的な観点に立った環境リスク管理、負荷低減への取り組みが求められます。

環境に関する課題として注目されるのは、例えば次の項目です。

〈環境課題の例〉

・気候変動（温室効果ガス排出削減、化石燃料からの脱却）

・座礁資産（脱炭素社会への移行のための政策導入による化石燃料資産の価値の目減

り）

・大気や水の汚染
・環境保全
・資源枯渇（水資源を含む）
・森林破壊
・生態系サービス
・生物多様性の喪失
・土壌劣化
・廃棄物管理
・環境負荷低減への貢献

毎年1月に、スイスのダボスで開かれる世界経済フォーラムでは、有識者や経営者、政治指導者など各分野における世界のリーダーが集まり、世界が直面する重大な問題について解決策を議論し、さまざまなレポートが発表されます。日本からも内閣総理大臣や日本銀行総裁などが参加しています。

中でも「グローバル・リスク報告書」は、影響がグローバルな範囲にわたると見なされるリスク、甚大な経済的損害や人的被害をもたらす可能性があるリスクを列挙した大変注目されるレポートです。その中で、経済への影響度および蓋然《がいぜん》性の高さによりリスト・アップされる項目を見てみましょう。

２０２１年の時点で最も発生の可能性が高いリスクは「異常気象」であり、次いで「気候変動対策の失敗」があげられています。２０２１年に新たにリスト・アップされた「感染症」を除き、２年連続でトップ5がすべて環境に関するリスクで占められています。影響度の大きいリスクに目を転じると、トップ5には「気候変動対策の失敗」「生物多様性の消失」「人的環境災害」がランクインしており、中でも「気候変動対策の失敗」は２０１３年から常にその影響度が広く懸念されています（図表２－１）。

国連によれば、２０５０年には世界人口の4割が水不足の影響を受けると指摘しています。日本でも、猛暑、洪水、激しい豪雨など異常気象による自然災害が増えており、その損害額も増大しています。このように、潜在的に経済的な影響が大きいのが環境リスクなのです。

2017年	2018年	2019年	2020年	2021年
異常気象	異常気象	人的環境災害	異常気象	異常気象
非自発的移民	自然災害	気候変動対策の失敗	気候変動対策の失敗	気候変動対策の失敗
自然災害	サイバー攻撃	自然災害	自然災害	人的環境災害
テロリスト	データ犯罪	データ犯罪	生物多様性の消失	感染症
データ犯罪	気候変動対策の失敗	サイバー攻撃	人的環境災害	生物多様性の消失
				データ権力の集中
				デジタル格差

図表2-1 グローバル・リスク

	2012年	2013年	2014年	2015年	2016年
1位	所得格差	所得格差	所得格差	国際的武力紛争	非自発的移民
2位	財政不均衡	財政不均衡	異常気象	異常気象	異常気象
3位	温室効果ガス排出量	温室効果ガス排出量	失業	国家統治の失敗	気候変動対策の失敗
4位	サイバー攻撃	水資源の危機	気候変動対策の失敗	国家の崩壊または危機	国際的武力紛争
5位	水資源の危機	高齢化	サイバー攻撃	失業	自然災害
6位					
7位					

分類　政治　環境　地政学　社会　テクノロジー

出所：世界経済フォーラム「グローバル・リスク報告書2021年版」

③「社会（Social）」が意味するもの

社会の課題は、企業の活動が社会に及ぼす影響、人々の権利に関する問題が軸となっています。例えば以下のようなものがあげられるでしょう。

〈社会課題の例〉
・人権
・人的資本管理
・政府や地域コミュニティとの関係
・製品やサービスの安全・責任
・公正なマーケティング
・労働基準・労働慣行
・医療アクセス

・医薬品の倫理的な開発
・安全衛生
・サプライヤーの管理
・人材の多様性（ダイバーシティ・インクルージョン）
・データセキュリティ・サイバーセキュリティ

社会の課題の多くは人権に関係しています。日本にいると、人権尊重は当然のことと感じるかもしれませんが、企業の経済活動のグローバル化により、社会の課題は複雑化しており、私たちが消費している製品の由来を見渡すとさまざまな課題があることがわかります。

例えば、売り値を抑えて多くの消費者が購入できる製品にするために、企業が製造コストの低減を目的として、安価な労働力を求めて生産活動を別の国に移したとします。こうした製品を購入できる消費者や企業にはメリットがあります。一方、生産を担う側の人権を考えてみると、その国の労働者に支払われる賃金は適切な水準なのか、労働条件など雇用慣行は適切なのか、などの点を十分配慮する必要があります。なぜなら、対応が不適切な場合は、労使問題などにより、生産活動が停止に追い込まれる可能性もあるからです。また、他国で資源開発を行う企業であれば、開発により影響を受ける地域コミュニティや先住民の権利への配慮が欠かせません。

今日、製品の多くは、世界各国から調達された原材料を用い、グローバルに立地する工場で生産されています。取引先との関係では、とりわけ衣料品や靴、農水作物や木材など新興国で主に生産されている製品や原料の調達過程において、さまざまな取引先が児童労働や強制労働に加担していないか、サプライヤーが責任を持って管理しているかについても、ますます厳しい目が向けられています。

４「企業統治（Governance）」が意味するもの

コーポレートガバナンス（以下、省略してガバナンスと呼びます）とは、経営資源を配分し価値を生み出す過程で企業（＝コーポレート）がステーク・ホルダーに対して有するある種の「力」を統治（ガバナンス）する仕組みです。投資家の間では、ガバナンスに係る課題が、ＥＳＧの中でも中核を占めるとの認識があります。透明性の高い健全なガバナンス体制があってこそ、持続性を配慮した企業経営が期待できるからです。

この分野では、各国の法律で認められているガバナンス形態の違いや文化的な差異、企業経営の個別性への配慮が必要である一方で、次に述べるように、共通して求められる観点があります。

経営者の資質は個性豊かで千差万別です。ガバナンスを見る上では、経営が株主によって選ばれた取締役会により適切に監督されているのか、監督と執行の仕組みの実効性、透明性や説明責任、適切なリスク管理が重要になります。

経営陣が透明性の高いプロセスにより選任されて解任されること、取締役会の独立性、取締役会が求められる知識、能力、専門性を勘案した適切な布陣になっていること、経営陣による業務執行を、取締役会が適切に監督するために十分な体制であること、経営陣の報酬が明確な基準に基づいて、短期の成果のみならず長期的な成果を考慮して適切に付与されていること、株主の権利が守られていることなどが重要な観点になります。会計の適切性、腐敗防止への取り組み、倫理、内部統制も欠かせません。

昨今、名だたる企業における不祥事が相次ぎ、株主、従業員などさまざまなステーク・ホルダーの利益が大きく毀損される例が多発したことは記憶に新しいと思います。健全なガバナンス体制が築かれていなかったことを示す顕著な例です。

〈ガバナンス課題の例〉
・取締役会・監査役会の構成、独立性、多様性
・役員報酬
・監査・内部統制
・会計リスク

・株主の権利
・後継者計画
・贈収賄・汚職防止
・租税回避、税金の透明性
・ディスクロージャー
・利益相反管理
・サステナビリティ戦略

5 持続可能性に関する課題

責任投資に取り組む投資家が、ＥＳＧを投資判断において考慮する上では、まず持続可能性に関する課題を洗い出すことが出発点になります。

世界や日本が直面する課題はさまざまですが、肝心なのは、長期的な展望の中で、経済的な面から社会のあり方を大きく変える力があり、投資に与える影響度が大きいと考えられる潮流を大局的な視点で把握することです。

具体的にはどのような課題があるのでしょうか。世界では人口増加、先進国の高齢化による世界の人口構成の変化、経済成長による資源需要の増大と資源枯渇、都市化があげられます。これらにともない水資源を含むさまざまな資源や食糧品、エネルギー源への需要が増大しており、需給逼迫、資源枯渇、廃棄物の増大や汚染、生物多様性の破壊や生態系への影響などが認識されています。また、世界的な紛争、貧困層の拡大や格差の増大、教育・医療・情報・金融へのアクセスの格差などにも解法が求められています。

中でも気候変動はさまざまな課題に関連し、その影響力の大きさから、最も注目される課題の１つです。気候変動にともなう異常気象による自然災害の増加、海水面の上昇と国土の逸失、海水温の上昇や酸性化による海洋生態系への影響、水不足地域が拡大する一方で水害の増大、気温上昇による疫病の増大など健康への影響、食糧供給への影響などさまざまな被害が予想されます。

エネルギーを大量に消費するようになった産業革命以降、地球の温度は上がり続けており、このまま放置すると、２１００年には地球上の温度は産業革命以前よりも4度以上、上がると予想されています（気候変動に関する政府間パネル［ＩＰＣＣ］第5次評価報告書）。

こうした中、２０１5年12月にパリ協定が締結され、産業革命前からの平均気温上昇を2度未満に抑制し、今世紀後半には温室効果ガスの排出を実質ゼロにするという世界的な長期目標が合意されました。

気候変動対策を進めるためには、あらゆる分野における技術革新が急務であり、巨額な投資が必要です。一方で、現在、世界各国で温室効果ガスの排出規制が強化されつつあり、カーボンプライシングの導入により排出に対する負担も増加する傾向にあります。このため、気候変動がもたらす直接的な影響だけでなく、これを緩和するためにとられる気候変動対策が経済全体に与える影響についても考慮する必要があります。

ひるがえって日本においては、少子高齢化による人口減と人口構成の変化が将来の発展に向けた最大の課題です。人口減による需要の減退や高齢者の増加にともなう医療費や介護費用など社会保障費の負担の増大は、消費に対して負の影響を及ぼすと予想されます。生産人口の減少により、従業員の獲得も難しくなるでしょう。人口が減少する一方で、次世代を担うべき子どもの貧困が拡大していることも喫緊の課題です。

このような見通しにおいては、企業は需要を海外に見出すか、新製品や新たなサービスの開拓、新規事業の獲得、既存製品の付加価値化を強力に推進する必要があります。

人的資源の獲得や最適化、イノベーションやグローバル化の推進に向けて、経営陣や従業員におけるダイバーシティ推進や多様な働き方を可能とし、生産効率を向上させるための制度の見直し、一段の女性活用や高齢者の活用に加え、介護負担への配慮、グローバルで公平な人事制度の設計や研修体制の強化も求められるでしょう。従業員の待遇面でも、男女賃金格差の是正や非正規社員、外国人技能実習生などの雇用条件における適切な配慮などが必要です。

6 どのように評価するか

1 アムンディのESG基準

アムンディでは、企業価値への影響度の大きさや蓋然性を長期的な観点から考慮しつつ、ESG評価機関が提供するデータを活用しながら、図表2－2に示したESG項目を評価し、1万2000を超える発行体にESGレーティングを付与しています（2021年3月時点）。このESGレーティングは、発行体の分析を担当するESGセクターアナリストと、ESG評価機関のデータを扱うESGデータスペシャリストの協働により、図表2－3に示した3段階のステップで行われます。

2 ESGセクターアナリストによるESG評価項目および評価ウェイトの設定

ESGセクターアナリストは、業種との関連性を踏まえ、その業種においてESG評価

図表2-2 アムンディのESG基準

	環境	社会	ガバナンス
16項目の一般基準	●温室効果ガスの排出量およびエネルギー効率 ●水資源 ●生物多様性、環境汚染、廃棄物	●雇用慣行 ●労使関係 ●健康と安全 ●サプライチェーンと顧客 ●製品責任 ●地域社会への貢献と人権ポリシー	●取締役会の構成 ●監査と内部統制 ●役員報酬 ●株主の権利 ●企業倫理 ●ESG戦略 ●税務慣行
21項目のセクター基準	●環境対応車【自動車】 ●再生可能エネルギー【エネルギー／公益】 ●責任ある森林資源管理【製紙／林業】 ●グリーンファイナンス【銀行／金融サービス／保険】 ●グリーン保険【保険】 ●持続可能な建築【建設資材】 ●包装パッケージングとエコデザイン【食品・飲料】 ●グリーン化学【化学】 ●紙リサイクル【製紙／林業】	●医療倫理【医薬品】 ●医療へのアクセス【医薬品】 ●車両の安全性【自動車】 ●乗客の安全【運輸】 ●健康志向の製品【食品】 ●情報格差への対応【通信】 ●責任あるマーケティング【薬品／銀行／その他金融サービス／食品・飲料】 ●金融サービスへのアクセス【銀行／その他金融サービス】 ●製品開発過程の健全性【食品・飲料】 ●タバコに関連するリスク【タバコ】 ●編集倫理【メディア】 ●データセキュリティ【ソフトウェア】	

出所：アムンディ

図表2-3　ESG レーティング・プロセス

1.基準と重みづけ

ベスト・イン・クラス・アプローチを採用、ESGアナリストは以下を担当:
- セクターごとに最も関連性のある基準を決定
- セクターごとに基準の重みづけを決定
- データ提供者の質を評価し、重みづけを決定

定性アプローチ

2.ESGレーティング算出

- ESGレーティングは、アナリストによって決められたESG基準／重みづけを外部データ提供者から取得したESGスコアと組み合わせて算出
- レーティングは月次ベースで更新
- 厳格な算出プロセス
- ESGレーティングは10年以上のトラックレコードを持つ

定量アプローチ

3.定性インプット

ESGレーティングに加えて、ESGアナリストは以下から取得した定性インプットを統合:
- 企業との面談
- 業界エクスパートとの面談
- 外部提供者および公開情報資料によるESGデータ／リサーチ

定性アプローチ

出所：アムンディ

を行うべき項目を、37項目（全業種共通の16項目と業種固有の21項目）の中から選択します（図表２－２）。

環境の領域では、全業種において、温室効果ガスの排出量およびエネルギー効率、水資源、生物多様性などの項目を評価します。加えて、自社の生産活動や製品使用時の温室効果ガス排出量が大きい公益（電力）、自動車、化学、建設業界などでは、業界固有の項目も評価します。例えば、環境負荷低減に向けた事業上の取り組みとして、再生可能エネルギーや環境対応車、グリーン化学（ライフ・サイクルにおいて環境負荷低減を目指す化学製品）や持続可能な建築（環境性能を考慮して設計された建築）などを評価します。

社会の領域では、企業が事業活動を営む上で、従業員、取引先、消費者、周辺地域住民など関係する人々の基本的な権利に適切に配慮しているかに関連し、全業種について、雇用慣行、労使関係、健康と安全、製品責任、地域社会への貢献と人権ポリシーの項目を評価します。業種によっては、医療へのアクセス、データセキュリティ、金融サービスへのアクセス、車両の安全性などの項目を評価しています。

ガバナンスに関しては、企業がその所有者である株主の権利を平等に扱っているか、取締役会が株主の代理として経営陣を適切に監督できる体制であるか、経営の成果が短期のみならず中長期的な視点から適切に反映される透明性の高い役員報酬の仕組みがあるのか、経営陣が持続的な発展に向けたＥＳＧ戦略を持っているのか、リスク管理が適切になされ監査や内部統制、企業倫理が堅牢であるかなどを重要視しており、すべての業種の企業に対して同じ項目を評価しています。

続いて、業種の持続可能性に及ぶ影響の程度を加味しながら、各評価項目にウェイト付けを行います。

例えば、鉱業であれば、開発プロジェクトにともない環境や社会に深刻な影響が及ぶ可能性があることから、ＥＳＧのうちEやSにより高いウェイトを付与します。また、銀行業であればその事業特性上、環境や社会への深刻な影響は想定されにくいことから、Gに最も高いウェイトを付与します。

3　ESGデータスペシャリストによるESGレーティングの算出

続いてESGデータスペシャリストは、ESGセクターアナリストが設定した評価項目および評価ウェイトに基づき、各ESG評価機関のスコアを集計します。この際、各ESG評価機関のスコアは、共通の尺度に基づきセクターごとに7段階のレーティングに分類されます（最高評価はA、最低評価はG、グローバル平均はD）。

その後、各々のスコアは、前述のステップにおいてESGセクターアナリストが設定した評価ウェイトに基づき加重平均され、ESG評価項目別のレーティング（例えば、Board Structure であればDレーティング）、ESG各々のレーティング（例えば、Gのガバナンスであれば C レーティング）、ESG総合レーティング（Bレーティング）が算出されます（図表２－４）。

このESGレーティングには10年以上のトラックレコードがあり、ESG評価機関の最新情報が毎月反映されるようになっています。また、少なくとも1機関のESG評価が存

図表2-4 ESGレーティングのイメージ

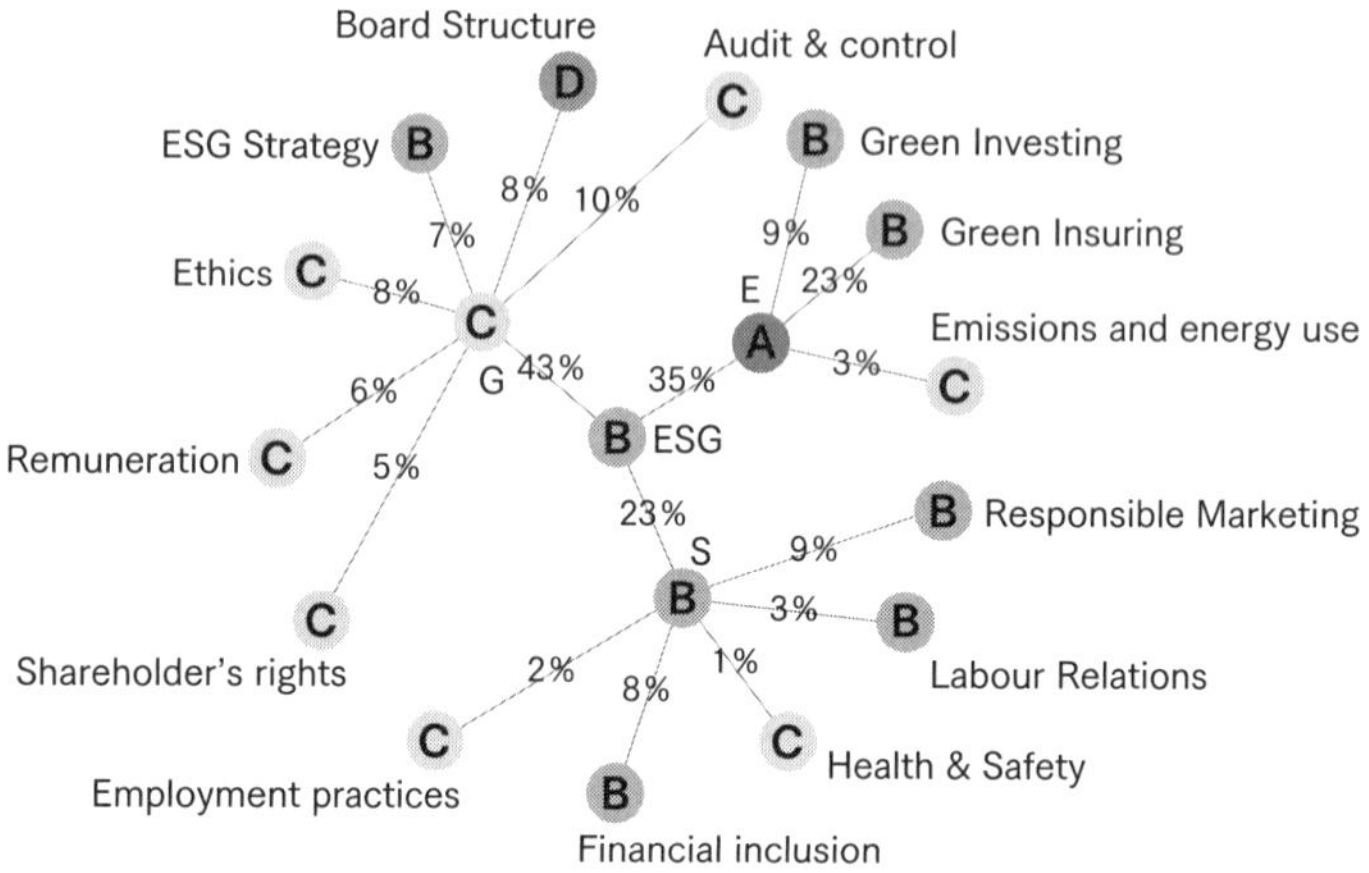

出所：アムンディ

在すればレーティングが可能であることから、カバレッジ（ESGレーティング対象企業数）の維持拡大が容易であることが特徴です。

2021年3月末のカバレッジは国内外の1万2000社に上っており、引き続きカバレッジの増加を図る方針です。

4　ESGセクターアナリストによるESGレーティングの妥当性評価

さらに、ESGセクターアナリストは、このESGレーティングの妥当性を確認するために、特定の発行体に対するエンゲージメントやセクターの専門家との対話などを行い、必要に応じてレーティングを最終化しています。

例えば、ある食品関連のグローバル企業に対するエンゲージメントを行った際は、サプライチェーン・マネジメントや人権マネジメントが過大評価されていることがうかがえたため、各項目のレーティングを下方修正するとともに、総合ESGレーティングについても引き下げています。

5　より良い評価のための取り組み

ESGアナリストのチームは、ESGの課題の中からテーマを設定し、発行体に対して問題提起を行い、課題解決に向けた行動をうながすためのエンゲージメントにも取り組んでいます。この活動は、通常、複数年にわたって取り組まれます。対象としたセクターで企業が抱える問題とそれを取り囲む状況は時とともに変化しており、アナリストには、その動向をつぶさに理解することが求められます。こうして現場で得られる深い洞察は、再び、レーディング決定プロセスにおける定量情報を解釈する中で活かされています。

第3章

ESGを経営に実装する

① 本業とＥＳＧをつなげる――統合思考

1 企業が創造する2つの価値

第1章で述べたように、企業はその活動を通じて社会をより良くする、言い換えると、価値を創造し提供し続けることでその存在意義が認められます。そして、その活動には、大きく分けて6つの資本がかかわっていることをお伝えしました。

この6つの資本をどのように「活かし」「育てるか」を真剣に考えられる企業が、これからの「良い企業」になります。この6つの資本を育てられる経営が、ひいては環境・社会・ガバナンス（ＥＳＧ）の評価の高い企業となるわけです。

企業が創造する価値は、6つの資本が増加・減少、変換する過程で現れます。

企業が創造する価値には2種類のものがあります。1つは企業自身に対して創造される価値で、これは主に財務資本を提供する株主や債権者への還元につながるものです。もう

1つは他者に対して創造される価値で、従業員や地域住民、その他ステーク・ホルダーおよび社会全体に及ぼす価値です。

ESGで評価される価値は、他者（ステーク・ホルダー）に対して創造される価値です。ただし、前者の企業自身に対して創造される価値も、他者に対して創造する価値と密接につながっています。両者のつながりは、広範な活動、相互に影響を及ぼす関係、および多様な関係性を通じて生じるものです。

例えば、自動車会社がクルマをお客様に販売することを例にとってみましょう。まず一番わかりやすい価値が、クルマを買ったお客様にとっての価値です。クルマを販売することでお客様はクルマを所有する喜び、運転する喜び、移動手段などの価値を手に入れたと言えます。

ほかに、どのような価値があるでしょうか。クルマを売るときには自動車会社とは別に販売ディーラーが存在します。クルマの販売やサービスは、ディーラーの存在なしには不可能です。こうした取引パートナーとの相互関係があって、クルマをお客様に届け、安心して使ってもらうことができます。その結果、取引パートナーにも利益がもたらされるのです。また、クルマの製造には無数の部品メーカーや加工会社がかかわっています。無数のサプライヤーが自動車会社と取引することで、クルマは完成します。

ほかの価値としては、地域住民があります。クルマの生産活動においては、水や電気を使い、生産活動を通じて排気・排水があります。自動車会社は共有の自然資本である水や空気、そして公共の製造資本である道路を地域住民に迷惑がかからないように使用するという暗黙の約束をしています。さらに、工場の従業員は地元出身者が多く、地域に雇用という経済的効果をもたらしていると言えます。その従業員は給与だけでなく、働く喜びや技術・ビジネス上のスキルを仕事を通じて学んでいます。

こうして企業は、他者と相互に働きかけながら、お互いの活動や関係性が価値を生み合う関係をつくっています。

2 時間と空間を超える企業活動の影響

さらに、時間軸と空間を広げることで、別の角度から企業の長期的な他者との関係を見ることができます。引き続き、先ほどの自動車会社の例をとってみましょう。

クルマはお客様が購入してから長きにわたって使われるものです。したがって、その安全性は長きにわたって保証されていなければ、運転者はおろか歩行者や社会全体が多大な迷惑をこうむってしまいます。こうした潜在的な危険があるので、国は車検制度などでクルマの安全性を担保しています。

自動車会社も、社会との関係性においてクルマが安全であることを当然求められるわけです。事故による被害だけではなく、排出ガスによる健康や温暖化への被害を減少させることも今日、自動車会社は責任を負っています。

このような企業の活動を通じて生じる他者への影響は、一般に外部性と呼ばれます。これまで見てきたように、外部性には正の外部性（例：お客様の喜び、地域の雇用、サプライヤーとの取引関係など）と負の外部性（例：環境負荷、地域との摩擦など）とがあります。

これらの外部性は、最終的には、それが正であれ負であれ、企業に対して創造される価値に影響を及ぼします。したがって、企業は、企業に対して創造される価値と他者に対して創造される価値の双方をバランス良く追求していかなければその持続的な発展を望めません。

別の言い方をすれば、企業に託されているさまざまな資本（信用と言い換えてもいいでしょう）が１つでもないがしろにされていると、企業はその価値創造の連鎖がストップしてしまうのです。

21世紀に入って、社会に対する配慮や問題解決を求める声がグローバルレベルで急激に高まっています。その大きな契機となったのが9・11（米同時多発テロ）、リーマンショック、3・11（東日本大震災）、そして新型コロナウイルスの感染拡大、という人々の意識を大きく揺り動かした出来事ではなかったでしょうか。

私たちがそれぞれのコミュニティでグローバルに影響し合っていることを、これらの出来事は物語っているように思われます。それゆえ、企業は、空間および時間軸を越えて外部に影響を与えるものに関して、責任と貢献を求められるようになってきているのです。それをいち早く察知している企業が新たな枠組みを提示し始めていて、ESGという枠組みの中で目標値を持ち始めています。

3 「パーパス」に導かれる価値創造プロセス

①企業独自のストーリー

前節では、企業がその活動や関係性を通じて、他者と相互に影響し合っており、企業に対して創造される価値と他者に対して創造される価値の双方をバランス良く追求していかなければ持続的な発展が難しいと説明しました。

また、企業にはその活動のためにさまざまな資本（財務、製造、知的、人的、社会・関係、自然資本）が託されており、価値を創造するにあたり、これらの資本を変換および増減させているということも説明しました。

それでは、企業が価値創造するといっても、「どのような価値」を「誰に対して」「どのように」創造するのでしょうか。

企業は、１つひとつが固有の存在でユニークな「生き物」です。したがって、企業の価値創造の仕方も千差万別です。６つの資本をどのように変換、増減させているのかも、他者とどのようにかかわっているのかも企業ごとにまったく異なるのです。言い換えれば、そこには企業の独自の「ストーリー」（物語）があります。

ＥＳＧとストーリーはどう関係があるのでしょうか。ＥＳＧの検討では、他者との関係を見ていくことが大事です。そして、前節で説明した通り、他者との関係を見ていくには、企業が託された資本をどのように使用し、変換、増減させているかを見ていくことがヒントになります。そこに企業固有のストーリーが展開されているのです。

このように紐解いていくと、ＥＳＧも企業に固有のあり方があることが見えてきます。

具体的に見ていきましょう。

②経営の大元にあるビジョン

小説でもドラマでも映画でも、ストーリーの背後に必ず作者の意図があります。その意図とは作者が伝えたい「テーマ」です。企業のストーリーにも同じことが言えます。企業の「テーマ」は何なのか。難しいことのように聞こえますが、その企業が存続する理由、もしくはその活動を通じて実現したい現実と言い換えられます。このテーマは、経営の世界ではミッションやビジョンと言われるものです。また、近年ではパーパス（存在意義）とも言われるようになっています。ミッションやビジョン、パーパスは企業とそれを取り巻くステーク・ホルダーの大きな方向性を決めるものです。いくつかの例をあげます。

日本を代表する大企業の1社であり、エンタテインメントとエレクトロニクス、金融事業などを営むソニーグループは次のようなパーパスを掲げています。

クリエイティビティとテクノロジーの力で、世界を感動で満たす。

同社はゲーム機などのハードウエアや映画・音楽といったコンテンツ事業、さらには金融などのサービス事業といった幅広い事業を営んでいますが、それらはすべてこの社会的存在意義を実現するためであるということが統合報告書の中で示されています。

もう1つ、ビタミン剤のポポンSや頭痛薬のセデスでよく知られる塩野義製薬（シオノギ）のビジョンを紹介します。

シオノギは、常に人々の健康を守るために必要な最もよい薬を提供する。

さらに続けて、

そのために
益々よい薬を創り出さねばならない。
益々よい薬を造らねばならない。
益々よい薬を益々多くの人々に知らせ、使って貰わねばならない。

創り、造り、売ることを益々経済的にやりとげねばならない。

と、その具体的な行動指針も併せて統合報告書の中で明示しているのです。

2つの企業のビジョンを見て改めて感じられるところがあります。それは、創業者である井深大、盛田昭夫の「技術を用いて人々の生活を豊かにしたい」との思いがソニーグループの発端であり、また、「人々の健康を守りたい」という創業者・塩野義三郎の思いが、現社長の手代木功まで引き継がれ発展したのが今日のシオノギのビジョンとなっていることです。

そして、企業の原動力が「世の中を良くしたい」「人のために役に立ちたい」との思いにあるということも見えてきます。言い換えれば、社会を良くしたいという利他の心から来ているということです。ＥＳＧという他者との関係の大元は、経営のトップが発するビジョンに見えるのです。

それでは、この2社がどのように6つの資本を使い、それらを変換、増減させているのか、そして、その考察を通じてどのようなＥＳＧ課題が見えてくるのか見ていきましょう。

ソニーグループの資本の変換、増減の流れ

ソニーグループは社内外のクリエーターとともにコンテンツを作り、同時にそのコンテンツをユーザーが楽しむために必要なデバイスや機器、プラットフォームを作ります。また、メディカルや金融事業では同社のサービス・製品が利用者に健康や安心をもたらします。これがソニーグループに対する社会の支持を生み、いっそう同社が強く成長することにつながります。

これを一連の資本の変換と増減の流れで見ていきましょう。投資家から集めた資金および留保利益から従業員を雇用し（財務資本→人的資本）、従業員はコンテンツや製品・サービス、基礎技術の開発を行います。これにより、ソニーグループ特有のコンテンツや知財が蓄積します（人的資本→知的資本）。

出来上がった製品・コンテンツ・サービスを通じてユーザーが感動・安心といった体験をすることで、ソニーグループに対する信頼が醸成されます（知的資本→社会・関係資本）。その結果が当社製品・サービスの販売、利益へとつながっていきます（社会・関係資本→財務資本）。

この一連の活動の中で各資本は形を変えながら増加していきます。人的資本は、雇用人

図表3-1 ソニーグループの資本変換、増加、減少

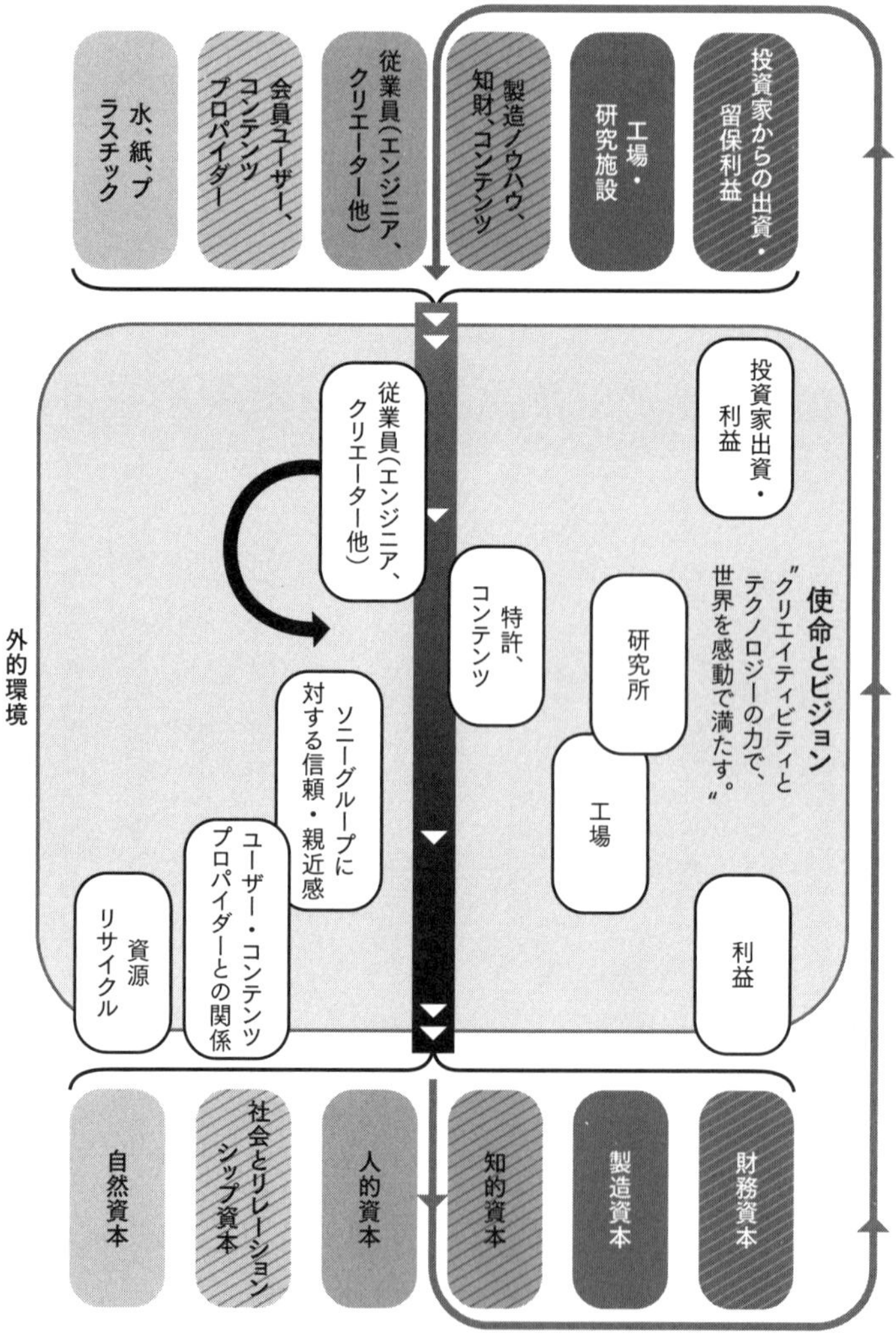

数、従業員のスキルなどの形になり価値が向上していきます。知的資本は、魅力あるコンテンツやサービスの開発、新たなビジネスモデルや知財・IPとして蓄積されていきます。製造資本は最先端の半導体工場という実物資産の能力増強に端的に表れます。

そして、これらから生み出される製品・サービスを最終ユーザーが体験し、ソニーグループに対する認知・評価が高まることでいわゆるブランド価値が生じ、社会・関係資本の価値が増加します。

そのブランド価値を認めたより多くのユーザーが参加することが、ソニーグループの収益につながり財務資本が増加します。そして、ソニーグループは、この増加した財務資本をさらに優秀な従業員の雇用や最先端技術投資やコンテンツ開発に投下することで、この資本循環を続け成長を繰り返していくのです。

シオノギの資本の変換、増減の流れ

次に、シオノギについて説明します。シオノギは製薬会社です。薬を研究開発し、臨床試験を通じて薬の有効性と安全性を証明し、国から承認が下りた後、ドクター・医療機関に薬の効能を周知させ、工場で品質を保ちながら製造を行い、医薬品卸会社を通じて販売

図表3-2 シオノギの資本変換、増加、減少

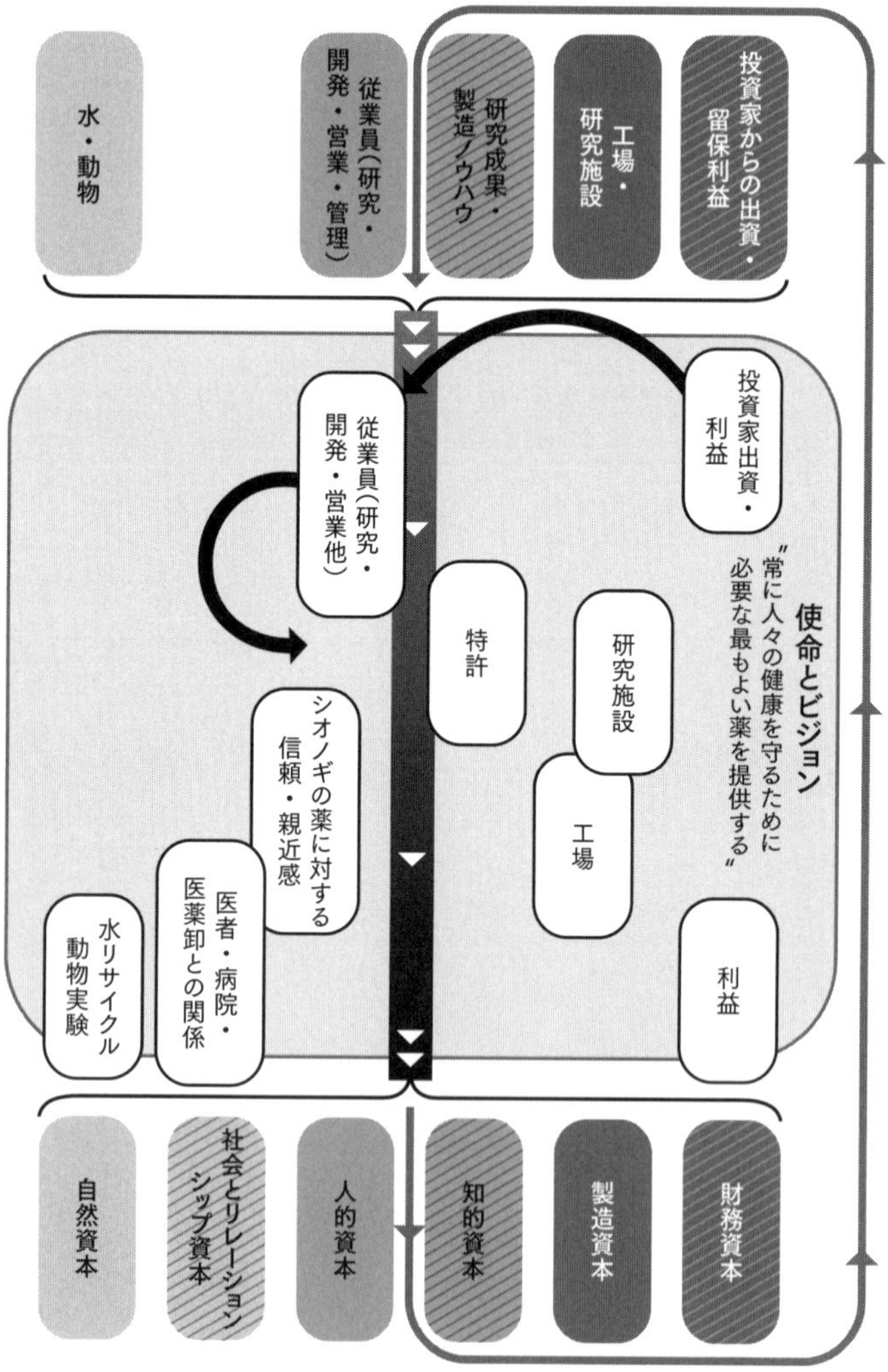

し、薬局に医薬品が届けられます。ドクターが診断後、患者さんが処方箋を受け取り、患者さんが薬を薬局で購入します。

この一連の過程では、ソニーと同様にさまざまな資本の変換、増減活動が行われています。

財務資本が人的資本に転換し（従業員の雇用）、研究開発部門では、従業員は薬の研究・開発を行います（人的資本→知的資本）。また、ＭＲ（Medical Representative）と呼ばれる医薬情報担当者が医薬品の適正使用のためドクターを訪問することなどにより、医薬品の品質、有効性、安全性などに関する情報の提供を行いドクターからの信頼を得ます（知的資本→社会・関係資本）。こうした一連の活動が最終的に薬の販売につながり、企業の収益となるのです（社会・関係資本→財務資本）。

③６つの資本におけるＥＳＧ的視点

企業が成長する過程では６つの資本が相互にかかわり、変換、増減していくことを説明しました。それでは、ＥＳＧと６つの資本とはどのようなかかわりがあるのでしょうか。

第2章では、アムンディが評価するＥＳＧの項目を示しました（図表３－３）。６つの資本

図表3-3 アムンディが特定するESG分析の基準

- 国際的な規範に基づく（SDGs、グローバル・コンパクト、ILO中核労働基準、OECDコーポレートガバナンス原則、欧州指令、ISO標準など）
- 定量的に分析可能な基準を選択

	環境	社会	ガバナンス
16項目の一般基準	●温室効果ガスの排出量およびエネルギー効率 ●水資源 ●生物多様性、環境汚染、廃棄物	●雇用慣行 ●労使関係 ●健康と安全 ●サプライチェーンと顧客 ●製品責任 ●地域社会への貢献と人権ポリシー	●取締役会の構成 ●監査と内部統制 ●役員報酬 ●株主の権利 ●企業倫理 ●ESG戦略 ●税務慣行
21項目のセクター基準	●環境対応車【自動車】 ●再生可能エネルギー【エネルギー／公益】 ●責任ある森林資源管理【製紙／林業】 ●グリーンファイナンス【銀行／金融サービス／保険】 ●グリーン保険【保険】 ●持続可能な建築【建設資材】 ●包装パッケージングとエコデザイン【食品・飲料】 ●グリーン化学【化学】 ●紙リサイクル【製紙／林業】	●医療倫理【医薬品】 ●医療へのアクセス【医薬品】 ●車両の安全性【自動車】 ●乗客の安全【運輸】 ●健康志向の製品【食品】 ●情報格差への対応【通信】 ●責任あるマーケティング【薬品／銀行／その他金融サービス／食品・飲料】 ●金融サービスへのアクセス【銀行／その他金融サービス】 ●製品開発過程の健全性【食品・飲料】 ●タバコに関連するリスク【タバコ】 ●編集倫理【メディア】 ●データセキュリティ【ソフトウェア】	

は実はこれらのＥＳＧ項目に対する配慮から直接・間接の影響を受けています。

例えば、環境の「温室効果ガスの排出量およびエネルギー効率」ですが、一見これは企業が顧客との信頼関係を築き、収益を得る上では何の関係もないように思われるかもしれません。しかしながら、環境問題は長年にわたって国際的に条約が交わされている分野で、２０１５年に採択されたパリ協定では、１９６の参加各国が削減目標を作成・提出・維持する義務と、削減目標の目的を達成するための国内対策をとる義務を負っています。

したがって、温室効果ガスの排出量とエネルギー効率に対して何らかの対策を講じていない企業は、将来国が定める基準を達成できなくなり、活動に支障をきたす可能性があります。その場合には、お客様に製品を届けられない、または莫大なコストを発生させることになり、企業の社会・関係資本および財務資本を著しく損ねる可能性があるのです。

また、日本でも性別や正規雇用労働者と非正規雇用労働者の格差をなくそうという取り組みが始まったことからもわかるように「雇用条件と非差別」は重要な経営テーマになってきています。少子化、高齢化、共働き世帯の増加、女性の能力活用、人手不足、外国人労働者の増加等々、時代とともに社会のあり方が大きく変わってきているからです。

社会の常識が変わっていく中で対応が進まない企業は人材から見向きもされなくなる可

能性があり、人的資本が育たない、ひいては知的資本、社会・関係資本、財務資本が育たなくなる可能性があるのです。

4 トップの意識と実行力

創薬会社は国に認められて薬を販売するわけですが、そこでさまざまな倫理的な問題に直面します。例えば、「医療へのアクセス」の問題です。

昨今、高額薬の問題が日本でも取り上げられるようになりましたが、グローバルレベルで見ると、患者が必要な医薬品を入手できないといった薬へのアクセスがより深刻な問題として認識されています。そこには所得の問題や、国ごとの医療制度の問題、そして所得格差の問題があります。また、薬そのものが安全であり、意図した効果をしっかり果たせるように使われることが非常に大事です。つまり、薬の使われ方についても安全が確保されていることが大事なのです。

アムンディも「医療へのアクセス」や「医療倫理」が重要な社会課題であると認識し、医薬品セクターにおけるESG項目の1つとして分析対象としています。

シオノギは、経済的な課題を有する開発途上国では特許権を保有しておらず、今後もこれらの国々では特許出願および特許権の行使を行わないことを統合報告書で明示しています。つまり、開発途上国では特許権の侵害などを主張することを控えて、治療が優先されることを重要だと考えているのです。医薬品アクセスの問題があると考えられる間は、知的財産を自由に使ってもらおうという趣旨でこのような対応をしています。

こうした取り組みがシオノギの社会・関係資本を高め、将来これらの国の医療アクセスが改善したとき、ブランドとなり、財務資本の向上にもつながるのです。

こうした取り組みは、経営トップの判断がなければその方針が組織全体に伝わらない事項です。環境や社会の問題は個々の現場ではその重要性に気づかない場合も多く、やはり経営トップがその重要性を認識し、明確な方針を組織全体に示していくことが大切です。

5　「守り」のＥＳＧから「攻め」のＥＳＧ

企業が事業活動を行うにあたり、単に自己の利益成長だけを追求すればよいものではないことは言うまでもありません。自らがその一員である社会に対する責任、社会的責任を果たすことが求められています。自らの属する社会が持続可能でなければ、そこに属している企業も持続可能であるとは言えないからです。

これらに関する取り組みは、企業にとって自らの持続可能性に対するリスク対応、「守り」の取り組みと考えることができます。環境管理、雇用慣行、人権、企業統治、消費者やサプライチェーンなど企業が事業を営む上で影響を与えるさまざまな関係者に対して果たすべき社会的責任への方針や管理・対応の状況、これらはESGの観点からも重要な項目であることは議論の余地がありません。

しかし、企業の取り組みとして、この「守り」の姿勢だけで十分でしょうか。企業は社会的責任を果たしつつ、同時に価値創造ができなければ持続的成長を果たせず、その存続意義を問われることになりかねません。このため、企業には、その営む事業を通じた社会的課題の解決といった、いわば「攻め」のESGへの取り組みが求められているのではないでしょうか。つまり、本業とESGの両立（統合思考）が重要になってきていると思われます。

このような考えに基づき、企業の間では事業を通したESG課題解決による価値創造や貢献を、事業戦略に落とし込む、売上高や比率、貢献を評価するさまざまな指標などを用いて数値化する、あるいは将来目標を掲げるなどにより、見える化する動きが徐々に始まっています。

世界の持続可能な開発目標、ＳＤＧｓは、企業が長期的な経営戦略を策定する上で、持続的な価値創造の面から多くの示唆を与えるものです。

世界および日本企業において、自社の事業をＳＤＧｓとの関連性から整理し、エネルギーや水資源、食糧の供給、教育や医療アクセス、持続的な都市などの長期的な世界の目標の達成に貢献する製品やサービスの提供を通した価値創造シナリオを経営戦略の中核に統合する取り組みも始まっています。図表3－4、3－5、3－6にその例を示します。

「守り」と「攻め」、あるいはリスクと機会は裏表の関係にあるＥＳＧ課題への対応により事業機会が創出される、あるいはＥＳＧ課題への対応が競争力の源泉につながる場合も多い、ということに企業も気づき始めているのです。

6　ビジネスモデルにESGを取り込む

企業の価値創造戦略においては、その企業が社会の中でどのような使命を持って事業を営み、存続していくのかを示す企業のビジョンが何より重要です。加えて、企業が固有に有するさまざまな資本を活かして、どのように将来に向けて価値を創造していくのか、その仕組みであるビジネスモデルを明確にする必要があります。

経営として取り組む重要課題

2019年、企業理念に基づき経営として取り組む重要課題を特定しました。

重要課題の特定プロセス

1　サステナビリティへの貢献を俯瞰的に検証

（サステナビリティ推進委員会で審議）

❶「事業における重要性」と「社会における重要性」の二次元で課題を整理するところからスタート

- 経済価値と社会価値を継続的に創出するための重要課題を抽出
- 技術、デジタル、人などのリソースを活かす視点を考慮
- 労働安全衛生やコンプライアンスなどの諸取り組みとの関係性を整理

❷ステークホルダーからの要請の把握

- イニシアティブへの参画を通じて得た国際社会の動向や外部評価の結果を考慮

参考にした主な国際ガイドラインやイニシアティブ

- 外部意見（WBCSDなど）
- ISO26000
- SDGs
- Global Compact 10原則
- GRIスタンダード
- 外部評価（FTSE、EcoVadisなど）

2　重要課題案を整理

（サステナビリティ推進委員会で審議）

- 経済価値と社会価値をともに継続的に創出するため、経営として取り組む重要課題をマテリアリティ案として選定
- 選定したマテリアリティ案のうち、事業機会創出につながる課題を「社会価値創出に関するマテリアリティ」、事業機会創出の原動力となるリソースを「将来の価値創造に向けたマテリアリティ」と位置づけ
- 労働安全衛生やコンプライアンスなどは、事業継続のために必要不可欠な基盤として位置づけ

3　経営層による審議・承認

数次にわたる経営会議での審議を経て、2019年2月の取締役会にて承認
2019年4月スタートの中期経営計画への落とし込みを実施

社会価値創出に関するマテリアリティ

環境負荷低減への貢献
- 気候変動の緩和
- 製品・技術を通じた貢献
- エネルギー・資源の効率的利用
- プラスチック資源循環への貢献

食糧問題への貢献

ヘルスケア分野への貢献

ICT の技術革新への貢献

将来の価値創造に向けたマテリアリティ

技術・研究開発の推進

デジタル革新への取り組み

ダイバーシティ&インクルージョンの推進

事業継続のための基盤

- 労働安全衛生・保安防災
- 従業員の健康
- 製品安全・品質保証
- コンプライアンス
- 人権尊重
- 腐敗防止

主要取り組み指標（KPI）

▶ 当社ウェブサイト

各マテリアリティについて、主要取り組み指標「KPI」を設定しています。今後、KPIを活用して取り組みの進捗状況の管理と開示を進めるとともに、社内外のステークホルダーとの対話を推進し、取り組みの充実と加速につなげていくことを目指しています。

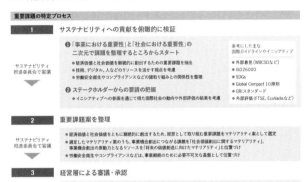

図表3-4　住友化学のサステナビリティ

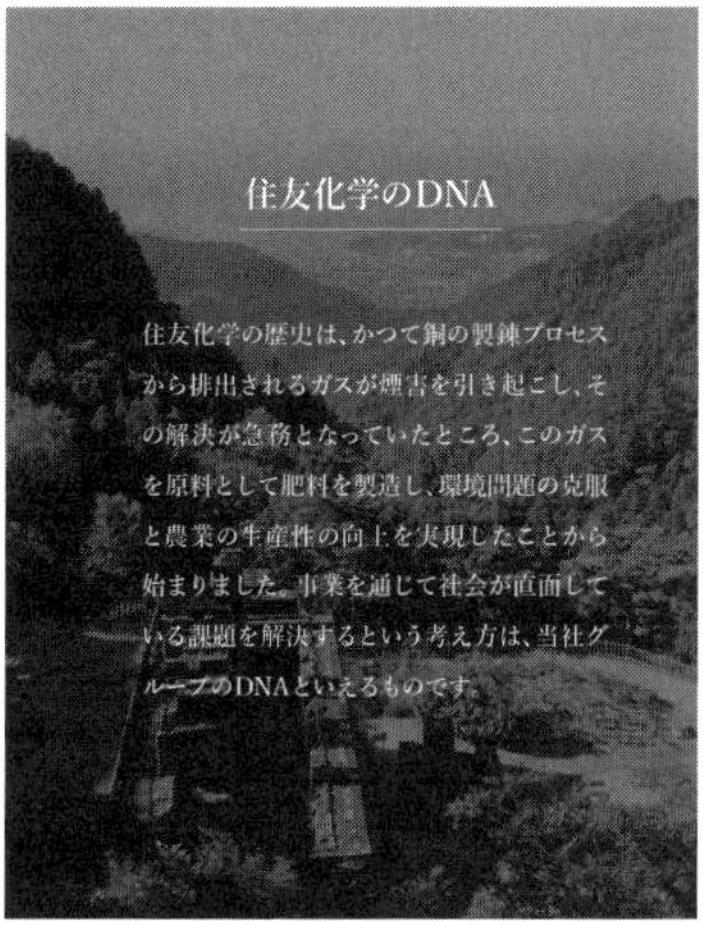

サステナビリティの考え方

住友化学グループは、事業を通じて持続可能な社会の実現に貢献するとともに、自らの持続的な成長を実現することを「サステナビリティの推進」と定義しています。サステナビリティの推進にあたっては、イノベーションを通じて経済価値と社会価値を同時に創出すること、そして持続可能な開発目標SDGsの達成などの国際社会の重要課題の解決に貢献することを目指しています。また、経営トップのコミットメントと全役職員の参画のもと、ステークホルダーと連携・協働し、継続的な検証と改善を行いながらさまざまな取り組みを進めていくこととしています。こうした考え方およびコミットメントを示したものが、「サステナビリティ推進基本原則」です。企業理念において本原則を「住友の事業精神」および「経営理念」の次に位置づけることにより、サステナビリティの推進に経営として取り組む姿勢を示しています。

住友化学の企業理念体系

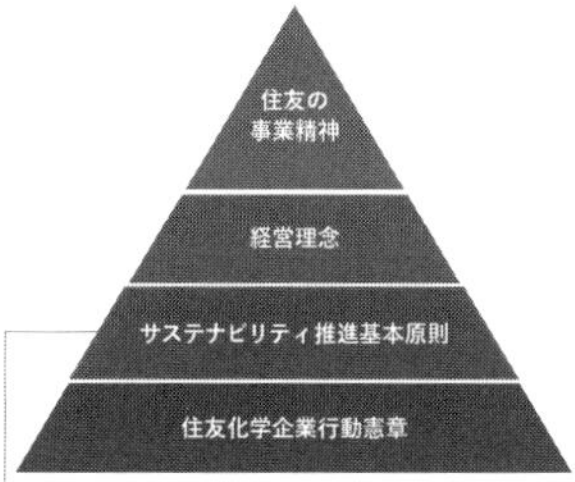

サステナビリティ推進基本原則

原則1	経済価値と社会価値の創出 （「自利利他　公私一如」※の推進）
原則2	国際社会の重要課題解決への貢献
原則3	関係機関との連携
原則4	ステークホルダーとの協働
原則5	トップコミットメントと全員の参画
原則6	ガバナンス

※「自利利他 公私一如」
住友の事業は、住友自身を利するとともに、
国家を利し、かつ社会を利するものでなければならない

企業価値向上のイメージ

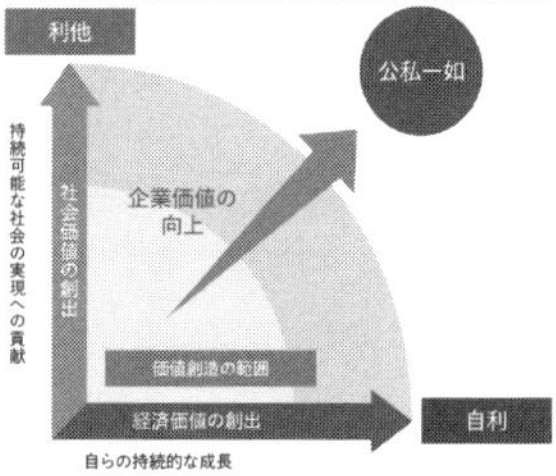

出所：住友化学レポート 2021

推進する具体的な取組み		
顧客の事業を通じた貢献	自社の事業を通じた貢献	関連するSDGs
● 快適で魅力ある空間の創造 ● エンジニアリング技術による生産性・品質向上 ● 知的生産性・ウェルネス価値の向上	● 大規模複合再開発プロジェクト	3, 8, 11
● スマートシティ・スマートソサエティの構築		
● 建造物の長寿命化技術 ● インフラ維持・リニューアル技術 ● 施設・建物管理業務の高度化	● 良質な開発事業資産の積上げ ● インフラ運営・PPPへの参画	9, 11, 12
● 制震・免震技術の高度化 ● 気候変動を踏まえた強靭な建物・構造物の建設 ● BCPソリューションの提案	● BCPを考慮したサプライチェーンの構築 ● 災害発生時の対応力強化	9, 11
● ZEBなど省エネ建物の提供 ● 最適なエネルギーシステムの構築 ● 再生可能エネルギー施設の建設 ● グリーンインフラの推進	● 工事中のCO_2排出量の削減 ● グリーンビルディングの開発 ● 再生可能エネルギー発電事業 ● 環境配慮型材料の開発・活用	7, 12, 13, 14, 15
●「トリプルZero2050」の達成		

事業継続の基盤	関連するSDGs
● 技術開発とDXの推進、生産性・安全性の向上と新たな価値の創出 ● 高品質で安全な建造物を担保する品質確認体制の徹底	11, 12
● 施工の機械化・自動化・ICT化 ●「鹿島スマート生産ビジョン」	
● 労働安全衛生の確保 ● 働き方改革、担い手確保の推進 ● 重層下請構造の改革 ● ダイバーシティを重視した人材育成・人材開発 ● オープンイノベーションの活用	3, 4, 5, 8, 10, 17
● コンプライアンスの徹底 ● リスク管理体制とプロセス管理の強化 ● 適正なサプライチェーンマネジメント ● 人権の尊重	16

図表3-5 鹿島のマテリアリティと SDGs

マテリアリティと関連するSDGs

	マテリアリティ、取組みの方向性（解説）
社会	**1　新たなニーズに応える機能的な都市・地域・産業基盤の構築** 鹿島は、価値観・行動様式の変化に伴い多様化するニーズを捉え、建物・インフラの構築、まちづくり・産業基盤整備の分野において、先進的な価値を提案します。これまで培った経験と新たな技術を融合させて、住みやすさ・働きやすさ・ウェルネスなど機能性を実現します。
社会	**2　長く使い続けられる社会インフラの追求** 鹿島は、建物・インフラの長寿命化をはじめ、改修・維持更新分野における技術開発を推進し、将来にわたり安心して使い続けられる優良な社会インフラの整備を担います。
社会	**3　安全・安心を支える防災技術・サービスの提供** 鹿島は、災害に強い建物・インフラの建設や技術開発、発災時の迅速な復旧・復興のためのサービスを提供します。気候変動による影響も踏まえ、防災技術の高度化に努め、安心して暮らせる安全な社会を追求します。
環境	**4　脱炭素社会移行への積極的な貢献** 鹿島は、脱炭素社会への移行に積極的に貢献するため、工事中のCO_2排出量の削減、省エネ技術・環境配慮型材料の開発や再生可能エネルギー発電施設の建設及び開発・運営、グリーンビルディングの開発やエネルギーの効率的なマネジメントなどを推進します。また、「鹿島環境ビジョン：トリプルZero2050」に基づき、資源循環・自然共生にも取り組みます。
	マテリアリティ、取組みの方向性（解説）
事業継続の基盤	**5　たゆまぬ技術革新と鹿島品質へのこだわり** 鹿島は、技術開発とDXを推進し、生産性・安全性の向上などにより持続可能な次世代の建設システムを構築するとともに、新たな価値の創出に挑戦します。また、建物・インフラをお客様に自信をもってお引き渡しするため、品質検査・保証の仕組みの不断の改善を図り、安心して建物・インフラや環境を利用いただくための品質を追求します。
事業継続の基盤	**6　人とパートナーシップを重視したものづくり** 鹿島は、建設現場の働き方改革、担い手確保の推進と、人材の確保・育成、様々な人が活躍できる魅力ある就労環境の整備を進めます。事業に係るパートナーとの価値共創と、外部との連携を活用したイノベーションの推進に取り組みます。
事業継続の基盤	**7　企業倫理の実践** 鹿島は、コンプライアンスの徹底とリスク管理のための施策を通じて、公正で誠実な企業活動を推進します。グループの役員・社員一人ひとりが高い倫理感をもって行動するとともに、サプライチェーン全体を通じた取組みにより、お客様と社会からの信頼向上に努めます。

出所：鹿島 統合報告書 2021

図表3-6 不二製油のマテリアリティと SDGs（抜粋）

ESG経営の重点テーマ（マテリアリティ）

ESGマテリアリティ 重点分野	重点項目	目指す姿	特に貢献を目指すSDGs	管掌CxO	関連ページ
不二製油グループの事業特性を活かし、業界を牽引する取り組みを創出する領域					
1 食の創造	食資源不足へのソリューション提供	• 将来懸念される食資源不足への解決策として、動物性タンパク、乳製品を代替する環境負荷の低い植物性食品素材の普及と代替技術の確立		CTO	P30～33、67～71
	健康的な食の提供	• 健康課題や生活の制限の解消によるシニアのWell-Beingの実現			
	糖質低減への対応	• 食品の糖質の一部を植物性タンパク素材で代替し、生活習慣病の予防に資する栄養バランスに優れた食品の提供			P62～65、69
	トランス脂肪酸含有量の低減	• WHO指針および各国での法規制に基づいた、製品中のトランス脂肪酸含有量の低減		CSO	P32、61
2 サステナブル調達	パーム油のサステナブル調達	• サプライチェーン上におけるNDPE（森林破壊ゼロ、泥炭地開発ゼロ、搾取ゼロ）の達成 • 2030年までに農園までのトレーサビリティ（TTP）100% • パルマジュ エディブル オイルの全サプライヤーに労働環境改善プログラム（LTP*1）を適用し、2025年までに完了			P20～25
	カカオのサステナブル調達	•「責任あるカカオ豆調達方針」の推進 • 2030年までにカカオ栽培地域に対して100万本植樹 • 2025年までにILOの定める「最悪の形態の児童労働（WFCL）」ゼロ			
	大豆のサステナブル調達（GMO問題含む）	• 大豆および大豆たん白原料におけるサステナブル調達の推進			

出所：不二製油グループ 統合報告書 2021

企業が持つ資本は財務資本や製造資本にとどまりません。人的資本、知的資本、自然資本、社会関係資本のようにさまざまな資本が含まれます。財務やESGにわたる企業全体の、そして、企業固有のビジネスモデルとして統合戦略が示されることが大切なのです。

企業がビジョンとして、例えば環境負荷低減や健康安全衛生への貢献、医療や金融、情報などへのアクセスの提供などの社会課題解決を掲げていると した場合、企業が保有する資本をいかに活用してどのように価値を創造していくのかが明らかにされる必要があります。その際、財務戦略はもとより、人財や研究開発、設備投資、知的財産、環境などに関する企業全体としての統合された経営戦略が重要です。

さらに、企業が掲げた戦略を実効的に遂行する上では、領域別の研究開発費の枠や全体における割合、特許戦略、中長期の環境負荷低減および環境貢献目標、従業員比率やダイバーシティ管理目標など、経営戦略の進捗状況を測り、必要な改善を図るための財務やＥＳＧに関するＫＰＩ（重要業績評価指標）が明らかにされる必要があるでしょう。

そして、ここで述べたようにビジネスモデルにＥＳＧを取り込む過程に必要なのが、「マテリアリティ」（重要課題）を特定することです。

7　マテリアリティ――誰にとっての重要課題か

企業にとっての重要課題（マテリアリティ）とは何でしょうか。今日、重要課題に対する明確な定義は存在しないようですので、後述するＳＡＳＢ（セクター別のサステナビリティ評価指標を策定するサステナビリティ会計基準審議会）が公表しているサステナビリティ情報の定義を用いて、この重要課題について考えてみましょう（図表３－７）。

意思決定にとって重要な情報は利用者によって異なる

ＳＡＳＢは、サステナビリティ情報を３つの領域に分類しています。それらは、①財務諸表に反映された情報、②事業の価値創造（事業の持続可能性）にとって重要だが財務に反映されていない情報、③社会の持続可能性にとって重要な情報、と整理されています。

この場合、意思決定にとって重要な情報は利用者によって異なります。株主投資家であれば①や②の情報を、ＮＧＯであれば③の情報を必要とするかもしれません。このような利用者の違いに配慮して、企業は①、②、③いずれの情報も真摯に開示しています。

株主投資家の関心は事業の持続可能性にある

企業は、③の領域にある情報を、②の領域の情報として説明することができます。例えば、新興国にある事業拠点の労働環境に関する情報があるとしましょう。③の領域の情報の利用者は、労働環境の適法性や現地の生活水準の向上に主な関心があるかもしれません。しかし、企業は、法令が求める以上の水準の労働環境を提供することで、高い生産性を維持しながら優秀な従業員の離職を防いでいるといった説明が可能です。つまり、②の領域の情報の利用者にとっても関心がある情報となりうるのです。

図表3-7 サステナビリティ情報の範囲

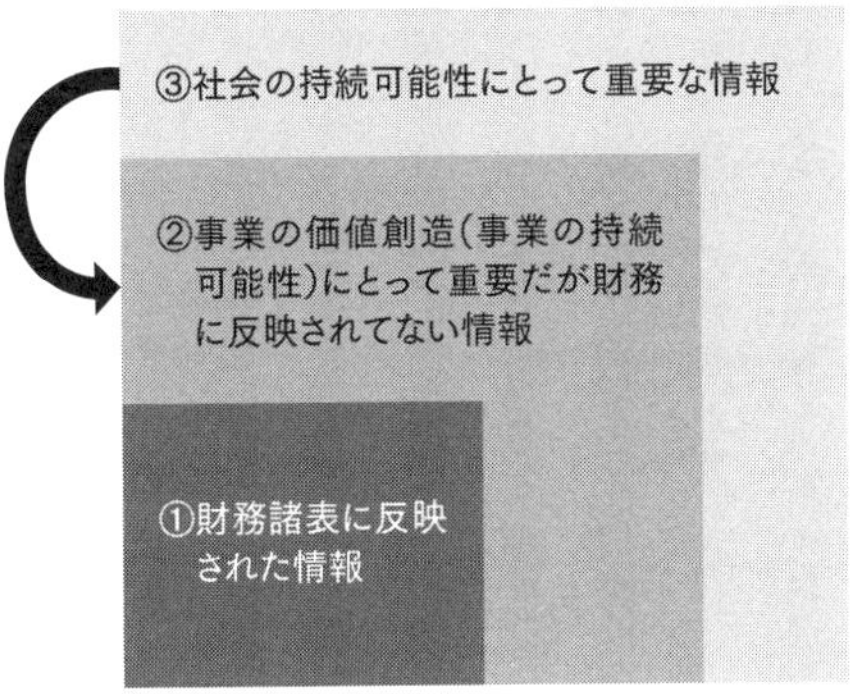

出所：SASB ほか "Statement of Intent to Work Together Towards Comprehensive Corporate Reporting" より作成

一般的に投資家は、③の領域ではなく②の領域にある情報、つまり、事業の持続可能性に関する情報を重要課題として認識する傾向にあります。したがって、企業が投資家に自社事業を訴求する上では、本来は③の領域にある情報を、いかに②の領域にある情報として説明するかが重要になります。

事業の持続可能性への影響は、規制、市場、ステーク・ホルダーからの期待の変化などを通じて、時間とともに変わりうるものです。企業はそうしたことを念頭に置きながら、事業の持続可能性への影響を、自社のビジネスモデルに整合する形で、納得感のある情報として提供する必要があるでしょう。

②資本市場への発信

1 「統合報告書」――ESGへの目標を表明する場

　ここまで会社の価値創造活動におけるESGおよび経営トップの配慮・コミットメントの重要性などについて述べてきました。

　以前から、企業はESGに関する取り組みを、従来は主にCSR報告書に記載していました。CSR報告書は企業の社会的責任への方針、管理や対応の状況を明らかにし、企業の持続可能性に対する「守り」の取り組みの現状について、有益な情報を提供するという点において一定の評価をすることができます。

　しかし、前述のようなESGへの取り組み姿勢の変化を考えると、ESGがそれ自体として完結するのではなく、企業の経営戦略＝価値創造プロセスに結び付けて語られることが重要になってきます。この際に重要な働きをするのが「統合報告書」です。企業の経営者が、価値創造戦略の中で財務やＥＳＧへの取り組みを落とし込み、ビジョンとストーリーで将来像について説明するための手段となるのが「統合報告書」です。

①統合報告書が生まれるまで

財務とＥＳＧ情報などの非財務情報を「統合」して報告する潮流の大きな転機となったのは２００９年と思われます。リーマンショック翌年のこの年に、ＩＣＧＮ非財務事業報告に関する表明及びガイダンス（Statement and Guidance on Non-financial Business Reporting）が発表されました。ＩＣＧＮ（国際コーポレート・ガバナンス・ネットワーク：International Corporate Governance Network）とは、グローバルでコーポレートガバナンスの基準を普及させることを目指して、世界の最大手の年金基金の運営者を中心に１９９５年に設立された機関です。

ＩＣＧＮは、本レポートで、機関投資家はその受託責任を果たすために、財務だけではなく非財務の開示を投資先の企業に求めていくことが必要であるとうたったのです。

その背景には、グローバル化が進み、変化が激しい世界で投資家の意思決定に必要な情報が多様化し、かつ流動的になっていることがあります。経済や社会環境が複雑化してきており、財務報告には反映されない要素や、会社の経営範疇外と思われていた事象が事業の長期的成功を決定づけることがあるからです。

同じ２００９年、ＩＩＲＣ（国際統合報告評議会）の設置が「皇太子持続可能性のための会計フォーラム」（The Prince's Accounting for Sustainability Forum）で話し合われました。本フォーラムはウェールズ公（チャールズ皇太子）が２００４年に設置した「皇太子持続可能性のための会計プロジェクト」（The Prince's Accounting for Sustainability Project［A4S］）が開催したもので、財務のプロフェッショナルを中心に、持続可能性を考慮し、戦略や予算の策定、将来予測に統合することを促しています。

そして２０１３年、ＩＩＲＣが「国際統合報告フレームワーク」（The International <IR> Framework）を発表しました。この国際統合報告フレームワークによって、それまで個別の考えでなされていた統合報告に、考え方の統一を目指すガイドラインが生まれたのです。

２０２０年11月25日、このＩＩＲＣと、セクター別のサステナビリティ評価指標を策定するサステナビリティ会計基準審議会（ＳＡＳＢ）は、財務資本の提供者を主たるターゲットとした長期的な企業価値向上の報告の進展を目指して２０２１年６月に合併し、バリューレポーティング財団（ＶＲＦ）を設立しました。ＩＩＲＣとＳＡＳＢはともに企業の長期的な価値創造に関する報告に焦点を当てており、財務資本の提供者を主なターゲットとしているため、今後の企業報告がさらに改善されることが期待されています。

②日本での統合報告書発行の動き

統合報告書は、企業のビジョンや価値創造の全体像を経営トップが説明しており、投資家が長期的な企業価値を分析する上で多くの有効な情報を与えるものです。

世界的なプロフェッショナルファームであるＫＰＭＧでは、毎年、統合報告書に関する調査を実施しています。「統合報告書」は２０１２年頃より発行が増え始め、２０２０年現在で東証１部上場企業の24％にあたる５３１社の上場企業が統合報告書を発行しています。時価総額ベースでは、60％以上に達しており、統合報告書が企業価値向上に寄与すると考える企業の数は増加しています（図表３－８）。

③統合報告書は何を訴えているのか

統合報告書の大事なポイントは、「価値創造能力」と「統合思考」です。企業の存在意

図表3-8 日本企業の統合報告に関する調査 2020

国内自己表明型統合レポート発行企業数の推移

2020年の発行企業は、2019年から66社増の579社となりました。伸び率は鈍化したものの10年連続の増加となりました。

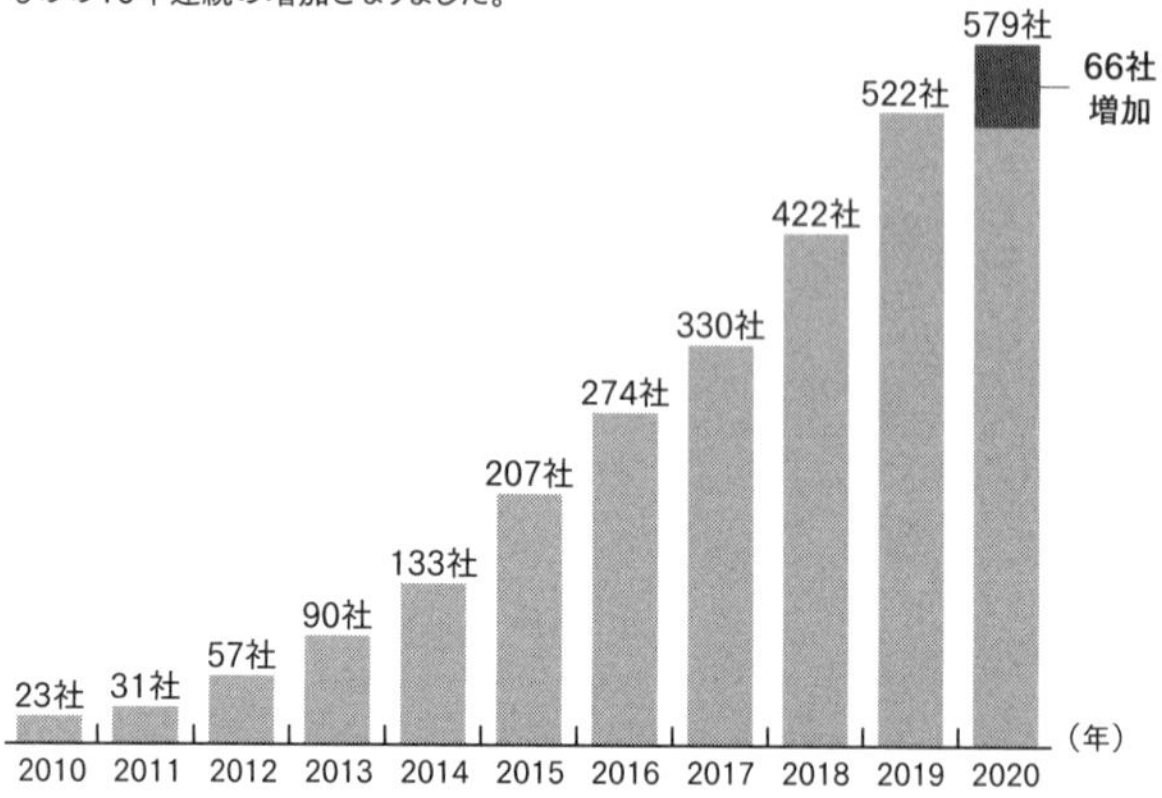

東証一部上場企業の時価総額における発行企業の割合

2020年9月末時点で東証一部に上場する2,175社の時価総額のうち、統合報告書を発行する531社の時価総額が占める割合は、前年より5％低い61％となりました。これは、前年まで統合報告書を発行していた時価総額の高い企業のうち、新型コロナウイルス感染症の影響等から2020年末までに発行できなかったと見られる企業が複数あったためであり、企業数で見ると24％（2,175社中531社）と前年と同水準でした。

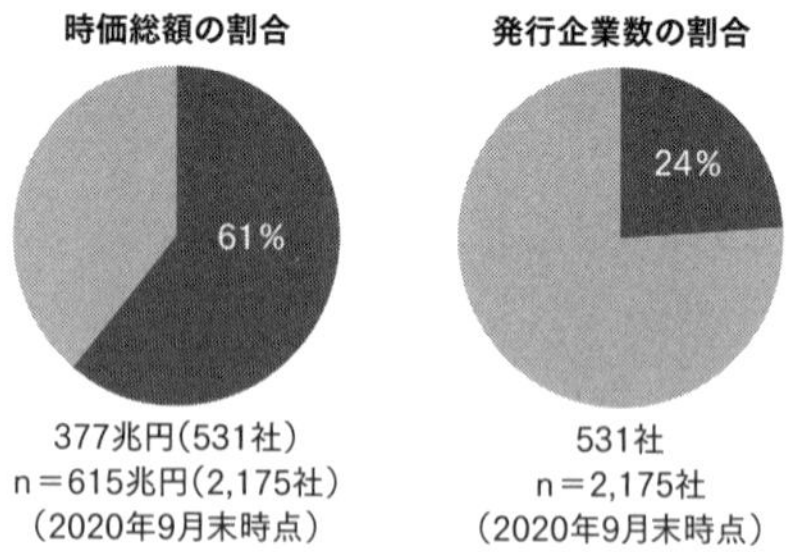

出所：KPMG ジャパン「日本企業の統合報告に関する調査 2020」

義は価値を創造し提供し続けることだと本章冒頭で述べました。

統合報告書ではまず、企業がどのようにして（どのような戦略で）価値創造を行っているる（いく）のか説明することが大事です。その際に重要なのが、「統合思考」です。

統合思考とは、企業のさまざまな活動や機能と、企業が使用もしくは影響を与える６つの資本との関係をより積極的に考えていくことです。ＥＳＧの観点もこの統合思考の中で培われます。

統合報告と統合思考は互いに強化する裏表の関係であり、統合報告そのものが統合思考を促し、統合思考が進化すると統合報告書がより充実するという関係です。そして、統合思考が進むことで、より中長期的な価値創造に資する統合的な意思決定や行動が促されると考えられます。

したがって、統合報告書の内容を規則で定めてしまうと本来の目的を失うことが危惧されます。また、そのような規則に従って書かれた統合報告書は、それが企業固有の価値創造の文脈で語られなくなることから、長期投資家をはじめとした読者にも意味がないものになります。

④具体的なフレームワーク

そこで、私たちが参考に値すると考えるのが、2017年に経済産業省が策定した「価値協創のための統合的開示・対話ガイダンス」です。

このガイダンスは、企業価値向上に向けて経営陣と投資家が対話を行い、経営戦略や非財務情報などの開示やそれらを評価する際の手引きとなる指針です。ここでは、人材や技術、顧客基盤など財務諸表に表れない「無形資産」への投資が企業の競争力や収益力（稼ぐ力）を高めるために重要であるとしています。

言葉は違いますが、このさまざまな「無形資産」がＩＩＲＣの中で語られる「6つの資本」に該当するものです。本ガイダンスはより経営の視点から統合的開示・対話がどうあるべきかを検討したものなので、経営者の考え方にいっそう符合していると思います。

図表3－9にこのガイダンスの全体像を示しています。基本的な枠組みは左記です。

1．価値観（企業理念やビジョン等、自社の方向・戦略を決定する判断軸）

2．ビジネスモデル（事業を通じて顧客・社会に価値を提供し、持続的な企業価値につなげる仕組み）

3. 持続可能性・成長性（ビジネスモデルが持続し、成長性を保つための重要事項、ＥＳＧやリスク等）
4. 戦略（競争優位を支える経営資源や無形資産等を維持・強化し、事業ポートフォリオを最適化する方策等）
5. 成果と重要な成果指標（財務パフォーマンスや戦略遂行のＫＰＩ等）
6. ガバナンス

ここで注目したいことが2点あります。1つは、ＥＳＧの重要性がクローズアップされていること、もう1つは会社の経営資源や無形資産への意識づけを強調していることです。ＥＳＧの位置づけは、それが持続可能性・成長性の項目および戦略の項目で主要課題として取り上げられたことからもわかります。

企業がその存続のために重要なＥＳＧ課題を認識し、それに経営上対応していくこと、およびそれを投資家と対話することが求められています。そして、さらに踏み込んでＥＳＧ課題を戦略に組み込み、その戦略を表明していくことが大事になってきているのです。逆の言い方をすれば、ＥＳＧ課題への戦略的対応は企業の価値創造の手立てと考えら

戦略 ― **成果と重要な成果指標（KPI）** ― **ガバナンス**

戦略

- 4.1. バリューチェーンにおける影響力強化、事業ポジションの改善
- 4.2. 経営資源・無形資産等の確保・強化
  - 4.2.1. 人的資本への投資
  - 4.2.2. 技術（知的資本）への投資
    - 4.2.2.1. 研究開発投資
    - 4.2.2.2. IT・ソフトウェア投資
  - 4.2.3. ブランド・顧客基盤構築
  - 4.2.4. 企業内外の組織づくり
  - 4.2.5. 成長加速の時間を短縮する方策
- 4.3. ESG・グローバルな社会課題（SDGs等）の戦略への組込
- 4.4. 経営資源・資本配分（キャピタル・アロケーション）戦略
  - 4.4.1.事業売却・撤退戦略を含む事業ポートフォリオマネジメント
  - 4.4.2. 無形資産の測定と投資戦略の評価・モニタリング

成果と重要な成果指標（KPI）

- 5.1 財務パフォーマンス
  - 5.1.1. 財政状態及び経営成績の分析(MD&A等)
  - 5.1.2. 経済的価値・株主価値の創出状況
- 5.2. 戦略の進捗を示す独自KPIの設定
- 5.3. 企業価値創造と独自KPIの接続による価値創造設計
- 5.4. 資本コストに対する認識
- 5.5. 企業価値創造の達成度評価

ガバナンス

- 6.1. 経営課題解決にふさわしい取締役会の持続性
- 6.2. 社長、経営陣のスキルおよび多様性
- 6.3. 社外役員のスキルおよび多様性
- 6.4. 戦略的意思決定の監督・評価
- 6.5. 利益分配の方針
- 6.6. 役員報酬制度の設計と結果
- 6.7. 取締役会の実効性評価のプロセスと経営課題

図表3-9 「価値協創のための統合的開示・対話ガイダンス」の全体像

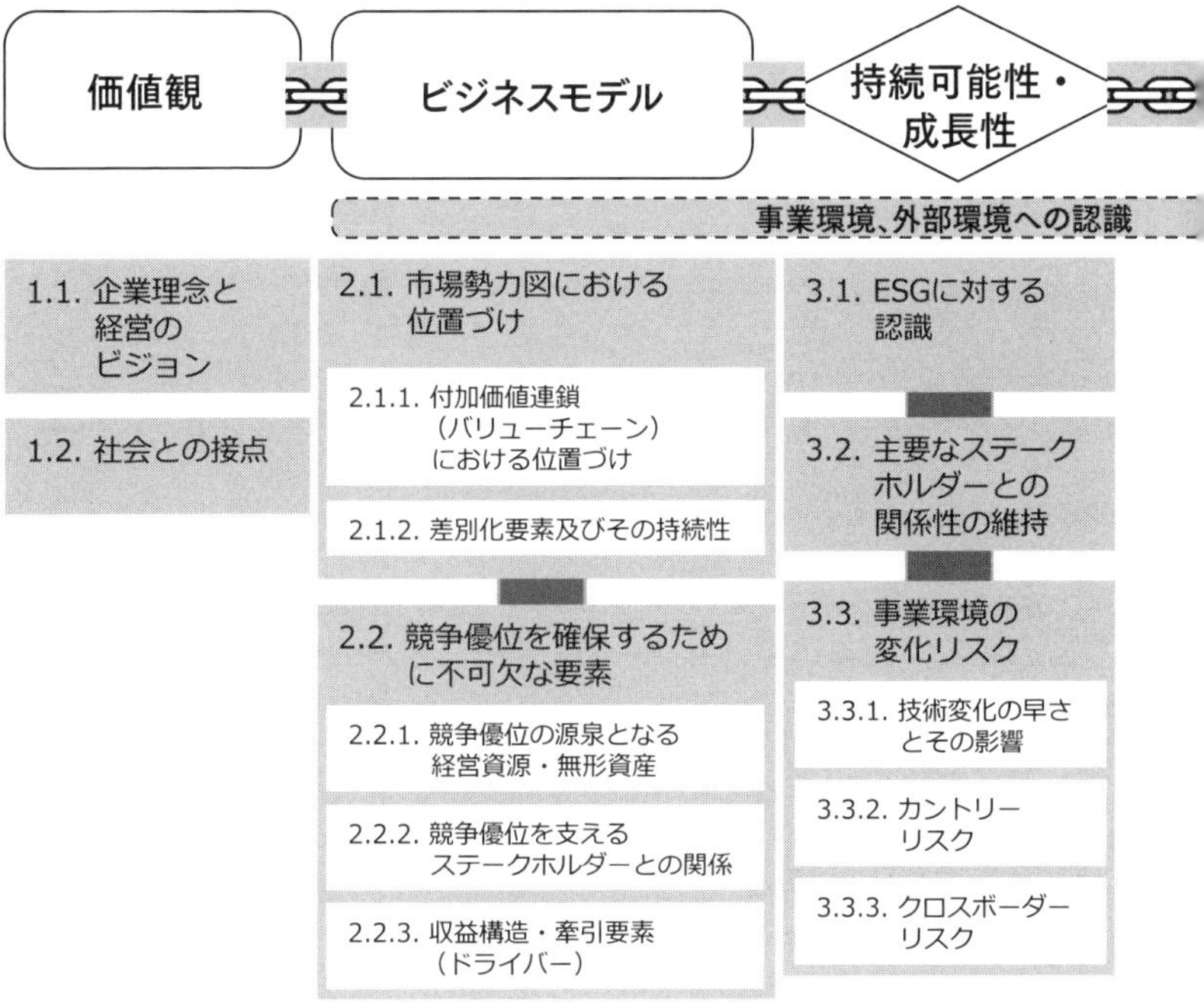

出所：経済産業省

れるようになっているのです。

もう1つの経営資源や無形資産への意識づけは、本章で述べてきた6つの資本の変換、増減への意識づけと同義です。

本ガイダンスでは、人的資本や技術への投資、ブランド・顧客基盤構築、企業内外の組織づくりが戦略上重要な経営資源・無形資産などの確保・強化につながるとうたっています。これらの経営資源・無形資産などがビジネスモデルとなり、競争優位を築くことになるのです。

まさに人的資本、知的資本、財務資本、社会・関係資本、製造資本、自然資本の変換、増減を経営陣が意識し、表明することがここで求められています。

2 気候変動に関する開示 TCFD

① 気候変動とTCFD

「資本市場への発信」において、2018年から議論が本格化し、企業での取り組みが始まっているのが、気候変動にかかわる開示です。

今日、気候変動が各国政府の主要な議題であることに疑いの余地はありません。そして、日本だけでなく、米国、EU、中国などが設定した排出削減目標を達成するため、多くの資本が脱炭素化技術に向かい始めています。

気候変動は、先に述べたようなシステミックなリスク（経済や社会の全体にかかわるリスク）であると同時に、より前向きに経営に統合させる考えがあれば機会にもなりうるものです。例えば、再生可能エネルギー、電気自動車、バイオ燃料、エネルギー効率の改善、グリーン水素など、気候変動に関するソリューションを提供する企業は、世界中の注目を集めています。

このように、気候変動がもたらすリスクだけではなく、機会も含めて包括的に質の高い情報を、財務情報の利用者に提供することを目的としてFSB（金融安定理事会）によって設立されたのが、TCFD（Task Force on Climate-related Financial Disclosures：気候関連財務情報開示タスクフォース）です。2017年6月には、情報開示のフレームワークが公表されました（図表3―10）。

その趣旨は、気候変動が企業に与える影響等を開示することで、そうした企業に投融資や保険引受を行う銀行、保険会社、アセット・マネジャー、アセット・オーナーなどが投融資先の企業価値の毀損によって損害を被ることを避け、金融システムの安定を確保する

図表3-10 TCFDの提言内容

ガバナンス	戦略	リスク管理	指標と目標
気候関連のリスク及び機会に係る組織のガバナンスを開示する。	気候関連のリスク及び機会がもたらす組織のビジネス・戦略・財務計画への実際の及び潜在的な影響を、そのような情報が重要な場合は、開示する。	気候関連リスクについて、組織がどのように識別・評価・管理しているかについて開示する。	気候関連のリスク及び機会を評価・管理する際に使用する指標と目標を、そのような情報が重要な場合は、開示する。
推奨される開示内容	推奨される開示内容	推奨される開示内容	推奨される開示内容
a) 気候関連のリスク及び機会についての、取締役会による監視体制を説明する。	a) 組織が識別した、短期・中期・長期の気候関連のリスク及び機会を説明する。	a) 組織が気候関連リスクを識別・評価するプロセスを説明する。	a) 組織が、自らの戦略とリスク管理プロセスに即して、気候関連のリスク及び機会を評価する際に用いる指標を開示する。
b) 気候関連のリスク及び機会を評価・管理する上での経営者の役割を説明する。	b) 気候関連のリスク及び機会が組織のビジネス・戦略・財務計画に及ぼす影響を説明する。	b) 組織が気候関連リスクを管理するプロセスを説明する。	b) Scope 1、Scope 2及び当てはまる場合はScope 3の温室効果ガス(GHG)排出量と、関連リスクについて開示する。
	c) 2℃以下のシナリオを含む、さまざまな気候関連シナリオに基づく検討を踏まえて、組織の戦略のレジリエンスについて説明する。	c) 組織が気候関連リスクを識別・評価・管理するプロセスが組織の総合的リスク管理にどのように統合されているかについて説明する。	c) 組織が気候関連リスク及び機会を管理するために用いる目標、及び目標に対する実績について説明する。

出所：TCFD（2017年6月）最終報告書 気候関連財務情報開示タスクフォースによる提言

ことにあります。ＫＰＭＧによると、日本の組織体によるＴＣＦＤへの賛同数は順調に増加しており、日経２２５構成企業におけるＴＣＦＤ賛同数は、２０１９年末の45％から２０２０年末には64％まで増加しています。

②ＴＣＦＤに基づく開示例

丸井グループは、ビジネスを通じてあらゆる二項対立を乗り越える世界を創るために、共創を基盤とした3つのビジネス（世代間をつなぐビジネス、共創ビジネス、ファイナンシャル・インクルージョン）を設定しています。同社は、これら3つのビジネスは個々に独立したものではなく互いに重なり合っており、この重なり合う部分を拡大することが将来世代を含むすべての人の「しあわせ」の拡大につながり、結果として２０５０年に向けた自社ビジョンの実現を可能にするとしています。

このうち「世代間をつなぐビジネス」の1つとして、「グリーン・ビジネス」があげられています。地球と共存するサステナブルな選択肢を提供していくために、同社は、環境負荷低減の活動と利益をつなぐ指標（環境効率[*9]、サーキュラーレベニュー[*10]）をマネジメントすることで、環境への取り組みをビジネスとして進めています。

加えて、２０３０年までにグループの事業活動で消費する電力の１００％を再生可能エネルギーから調達することを目標として２０１８年７月にＲＥ１００に加盟するとともに、グループ全体の温室効果ガスの削減目標につき２０１９年９月にＳＢＴイニシアティブの１・５度目標としての認定を得るなど、国際的なイニシアティブとの協働も盛んです。

この丸井グループの気候変動対応に関する情報開示を、先ほどご紹介したＴＣＦＤのフレームワークに沿って見ていきましょう。

ガバナンス

丸井グループは、気候変動にかかわる基本方針や重要事項などを検討・審議する組織としてサステナビリティ委員会を設置し、気候変動に関する事項を取締役会に報告・提言しています。

日本企業は、古くから環境委員会やＣＳＲ委員会という形で気候変動を含む環境対応を進めてきましたが、経営トップのコミットメントが弱い、あるいは取締役会との距離が遠いといった課題がありました。

丸井グループは、サステナビリティ委員会の委員長を代表取締役とし、同委員会を取締役会の諮問機関とすることで、気候変動対応を経営の中枢に据えていることがうかがえます。丸井グループは、事業戦略の策定や投融資などに際しては、こうした体制に基づき、気候変動に関する重要事項を踏まえつつ総合的に審議し決定するとしています。

戦略

丸井グループは、２０５０年までの平均気温の上昇が①4度以上の世界、②2度に抑えられる世界、③1・5度以下に抑えられる世界を想定し、それぞれのシナリオにおいて気候関連のリスクと機会がもたらす事業への影響を把握し、戦略の策定を進めています。

パリ協定では2度目標を前提とし、CO_2の排出量を２０５０年までに40%から70%削減（２０１０年比）、今世紀後半（２０５０年から２１００年）までに実質ゼロを実現するとしていました。しかし、その後ＩＰＣＣが発表した「1・5℃特別報告書」（２０１８年）によれば、２０３０年までに半減、２０５０年までに実質ゼロが必要であるとされ、CO_2削減の大幅な前倒しが必要との認識が広がりました。２０２０年末時点では、この1・5度以下の世界を想定して機会やリスクを分析したケースが、日本だけでなく世界的にも少ない状況です。しかし、投資家を含め世界の共通認識はすでに1・5度であるため、日本企業は早急にこの1・5度の世界を見据えた行動が必要です。

丸井グループの特徴は、リスクだけではなく機会についても明確化し、利益影響額も含めて開示していることです。利益影響額の開示は、財務情報の利用者の理解を促進することが想定されます。

しかし、利益影響額は算出の前提条件によって大きく左右されます。したがって、重要なことは、利益影響の多寡というよりも、むしろその算出に挑むことで気候変動の影響が事業と結びつき、企業と外部の対話を促進する効果にあると考えられます。

リスク管理

丸井グループが特定したリスクや機会は、戦略策定と個別事業運営の両面で管理されています。グループ企業の役員で構成される環境・社会貢献推進分科会で議論された内容は、前述のサステナビリティ委員会で定期的に協議され、案件に応じて取締役会に報告・提言されています。

指標と目標

前述の通り、丸井グループはグリーン・ビジネスの指標として、環境効率とサーキュラー・レベニューを設定することで、環境への取り組みをビジネスとして進めています。加えて、グループ全体の温室効果ガスに削減目標を設定しており、この目標は2019年9月にSBTイニシアティブにより「1・5℃目標」として認定されています。

地球温暖化を確実に食い止めるには、企業の温室効果ガス削減目標が、2050年に実質ゼロの世界と矛盾しないことを科学的に証明した上で、その削減の進捗を見える化する必要があると考えます。SBTイニシアティブによる認証はそのための有効な手段であり、アムンディも企業との対話においては、認証の取得を推奨しています。近年は、この科学的に裏づけられた削減目標の設定や、その目標達成に向けた進捗の程度が投資家の大きな関心事項となっており、そのような意向を反映させた投資戦略も見られるようになっています。

3　気候変動に関する投資家とのコミュニケーション

2021年2月、アムンディのグローバルCEOが日本を含む世界各国の経営者に向けてメッセージを発信し、「エネルギー移行」（特に事業の脱炭素化）と「社会的結束」（不公平な格差の是正）の2点を優先しつつ、エンゲージメントと議決権行使に取り組む旨を表明しました。

このうち「エネルギー移行」では、①投資先企業の排出量削減の把握に加え、排出量削減に向けた戦略の透明性向上を求める決議を支持すること、②並行して、より多くの企業が科学的根拠に基づいて自らの排出量削減に取り組むことを推奨すること（例えば先述のSBTイニシアティブに沿った目標の採用の働きかけ）、の2点を2021年の重点事項として掲げていますが、いずれもTCFDに沿ったものとなっています。

アムンディのみならず、今後あらゆる投資家から同様の要請が増えていくことを踏まえると、TCFDに即した情報開示は、財務情報の利用者に包括的に質の高い情報を提供する上での1つの解であると考えられます。

また、2021年6月に改訂されたコーポレートガバナンス・コードにおいて、プライム市場[*11]の上場企業は、気候変動に係るリスクや機会が自社に与える影響について、必要なデータの収集や分析を行い、TCFDまたはそれと同等の枠組みに基づく開示の質と量の充実を進めるべきとされました。気候変動に関する開示を企業に求めるこういった動きは、今後も加速するものと考えられます。

4　ESG評価機関——取り組みや達成度を評価

ESGは企業が持続的に価値創造していく上で考慮すべき大事な要素です。そして、長期投資家もESGが、企業が繁栄するために欠かせない要素になることに気づいてきています。そこで必要になってくるのが、企業がどれだけESGに対して真摯に向き合ってきているかの評価です。

ESGに関する企業の取り組みは、投資家がつぶさに検証することは困難です。そこで、最近ではESGの取り組みを評価する評価機関を使って、企業の取り組みやその達成度の評価を行う仕組みができつつあります。

ESG評価機関には、インデックスや市場情報の提供企業が派生してESGに関する格付けを提供するところもあれば、ESG評価専門で立ち上がっている企業もあります。

前者には、例えばMSCIやFTSEなどがあり、後者にはサステナリティクスなどがあります。このような評価機関は、企業が開示している情報や、直接企業から徴収する調査票を使ってそれぞれの定義した項目に応じてESGの評価を行い、投資企業その他のステーク・ホルダーに提供しています。

ＥＳＧ情報の利用者は、ＥＳＧに関するパフォーマンスが、自身の期待に沿うものかどうかを確認する必要があります。そのようなパフォーマンス情報は、例えば気候変動であれば、経年のＣＯ２排出量のような定量的な情報だけでなく、新たな省エネ設備の導入のような定性的な情報であることもあるでしょう。そういったパフォーマンスに関する情報が利用者の期待に沿っていたとしても、それらはいずれも過去の情報です。開示から得たパフォーマンスの改善が偶然ではなく、将来に向けて継続するものであることに確信を持つためには、どのような情報が追加で必要になるのでしょうか。

企業は、ＥやＳの特定の事象に対し、何らかの方針や目標を設定して、進捗を管理しています。また、その管理責任を有する体制が存在します。加えて、目標を達成するには、従業員１人ひとりの協力が必要であり、従業員教育が不可欠かもしれません。

このようなマネジメントに関する一連の情報が開示されることで初めて、ＥＳＧ情報の利用者は、将来に向けた企業の継続的な改善への確信度を高めることができます。つまり、マネジメントに関する情報と、パフォーマンスに関する情報の両方が開示される必要があるのです。世の中にはさまざまなＥＳＧ評価機関が存在しますが、それらの評価手法の根底には、このような考え方が存在しているように思われます。

それでは、ESG評価機関が提供するESG評価にはどのような課題が考えられるのでしょうか。1つはESG評価の対象企業数があげられます。特に中小企業の場合は、開示が不十分あるいはまったくないケースが散見されます。このような場合は、開示に基づきESG評価を行うことが困難となるので、代案として、各企業に調査票を送ることが必要かもしれません。

しかし、ESG対応に費やせるリソースが十分でない場合は、このような調査票に対応することも困難です。中小企業のESG評価は、大企業のESG評価に比べて進んでいるとは言い難い状況です。

しかし、企業全体のうち中小企業が圧倒的な割合を占めるのが日本の産業構造の特徴であり、中小企業の経営状況は日本経済に直結します。ESGが企業価値の向上にとって有効だとするならば、ESG対応に特別なリソースを振り向けることが難しくとも、種々のステーク・ホルダーに配慮しながら長期目線で経営を行っているような中小企業を、ESG評価のカバレッジに積極的に含めていく必要があるでしょう。

3 日本企業の課題

1 経営陣はESG重要課題の達成に責任を負うべき

前節までの議論を総合すると、ＥＳＧは企業価値に直結しています。したがって、企業が自社にとって重要なＥＳＧ課題を特定し、積極的にその解決を図ることは、株主の期待に応えるための経営陣の責任であると考えられます。なぜなら、取締役をはじめとする経営陣は、株主から企業価値の向上を託されているためです。

しかし、日本企業にＥＳＧ重要課題について質問すると、経営陣のコミットメントが弱いケースがまだ多く見られます。「ＣＳＲ部門が中心となり管理しているから大丈夫」といった社長の返答や、「取締役会でＥＳＧが議題にあがったことはない」といった社外取締役の返答がそれを物語っています。では、日本の経営陣のコミットメントが弱い原因はどこにあるのでしょうか。

①ESG重要課題が適切に選定されていない

日本企業には、伝統的にステーク・ホルダーに配慮した全方位的な経営を行ってきたという自負があるようです。しかし、必ずしもその結果が企業価値の向上につながったとは言えません（むしろ企業価値が毀損されたとの指摘が多く見られます）。つまり、EやSに配慮した全方位的な経営がどう企業価値を向上させるのかの検証が不十分だったのではないでしょうか。

その結果、「ESGは経営そのもの」とのスローガンだけが先行してしまい、具体的なESG課題を能動的に解決することへの意識が希薄になっていたように思われます。ESG重要課題、つまり企業価値への影響が大きいESG課題を選定し、その解決に経営陣がコミットすることが必要ではないでしょうか。

②ESG重要課題が目標管理の対象になっていない

目標の存在はモニタリングや評価をうながします。裏を返せば、目標が存在しないと管理への意識が希薄になりがちです。

日本企業は古くからISO9001やISO14001などの国際規格に基づき、品質管理や環境保全などの特定の分野では目標管理に長けていました。しかし、ESGが扱う範囲は今や非常に幅が広く、すべての分野で特定の規格に依拠した管理ができるわけではありません。また、従業員の能力開発など、必ずしも定量的な目標設定になじまない事項の存在がESG重要課題の目標管理を妨げてきた可能性は否定できません。

ここで、目標は必ずしも定量的である必要はありません。定性的であっても目標を設定することは、ESG重要課題の解決に向けた進捗の評価を容易にし、社外取締役や株主・投資家によるモニタリング効果を高めると考えられます。

③ESG重要課題を監督するガバナンス機能が整っていない

取締役会には、ESG重要課題が適切に選定されているか、妥当な目標が設定されているか、目標達成に向けた進捗に懸念はないか、などの観点から定期的に検証し、必要に応じて助言を行い、経営の緊張感を高める機能が必要です。

そういったスキルを持つ取締役がいるか、企業は丁寧に説明する必要があります。昨今はコーポレートガバナンス・コードの改訂を受け、スキルマップを用いて取締役のスキルの多様性を表現する機運が高まっていますが、スキルマップだけでは必ずしも現在の取締役会がＥＳＧ重要課題の監督に適しているかを読み取ることができません。取締役のスキルが十分でなければ、会社は新たな人材を社外取締役や外部アドバイザーとして招聘する必要があるでしょう。

なお、取締役会は多様な議論を扱うため、ＥＳＧ重要課題を議論できる時間は非常に限られます。そういった制約下でガバナンスの実効性を高めるには、サステナビリティ委員会のように取締役が関与できる委員会を設置し、議論の時間を確保することが一案でしょう。加えて、各企業が毎年行う取締役会の実効性評価の一テーマとして、ＥＳＧ重要課題への対応状況を扱うことは、ＥＳＧ重要課題を監督するガバナンス機能の継続的な向上につながるのではないでしょうか。

④ＥＳＧ重要課題が役員報酬に反映されていない

経営陣のコミットメントを引き出す最後の観点は役員報酬です。日本企業は報酬総額に占める固定報酬の割合が大きく、業績連動報酬の割合が小さい事実が指摘されてきました。この業績連動報酬の中に、ＥＳＧ重要課題の達成状況を入れ込む取り組みが海外では広まっています。

例えば、エネルギー業界であれば温室効果ガスの削減量、製造業界であれば、顧客ひいてはエンドユーザーのさまざまな価値観を取り込むために取締役会の多様性などの指標を設定し、その達成状況に応じて役員報酬を変動させることで、ＥＳＧ重要課題の解決に向けたインセンティブを経営陣に与えています。

近年は、日本企業においても同様の取り組みが進行しています。例えば、安川電機の業績連動報酬の評価指標には、自社製品を通じたＣＯ２排出量削減目標の達成度が含まれます。２０５０年までのカーボン・ニュートラルを目指し、排出量のネットゼロを公約する企業が世界中で増加する中で、顧客が製品使用時のＣＯ２排出量を削減できることは、数ある製品の中から安川電機の製品を顧客が選択する理由となりえます。したがって、安川電機が今後、低ＣＯ２排出の製品提供を通じて成長していくストーリーが、この報酬制度からはうかがえるということになります。

2　ＥＳＧ重要課題を適切に選定する

最後に、先に述べた課題は、「①ＥＳＧ重要課題が適切に選定されていない」ことが出発点となっています。企業価値に直結する真に重要なＥＳＧ課題はそれほど数が多くありません。適切な検討プロセスを経て絞り込まれた重要課題は、その後の目標管理を容易にし、それを監督するガバナンスの実効性を上げ、役員報酬の算定にも織り込まれやすくなります。

したがって、まずはＥＳＧ重要課題を適切に選定することが重要となります。本章で述べたように、自社ビジョンを踏まえながら、環境や社会に対する配慮が企業の価値創造にどのようにつながるかのストーリーを考え抜くことが必要となるのではないでしょうか。

第4章

ESGを投資に実装する

① アセット・オーナーの論点

1 調査の結果が示す「葛藤」

2020年に「オル・イン」を発行する想研が実施したアセット・オーナーを対象にしたアンケート[*12]では興味深い結果が示されています。104の年金基金などからの回答のうち、ESG投資を実施している、ないしは検討しているという割合は58％でした。その一方で、42％は実施もしていない、また行う予定もないとの回答でした。

その理由として、あげられた答えで最も多かったのが、経済的リターンへの確信が持てないというものです。また、社会的インパクトという観点からもその測定が困難である点もあげられています。

アセット・オーナーの立場で言うと、新たにESG投資を取り入れた場合に、その効果がどのように表示されて評価できるのかが定まらないことには、最終的な受益者に対する説明責任を果たせないという葛藤がそこにはうかがえます。

評価に関しては、何で測るかとともに想定する時間軸の違いも論点です。経営や投資でESGを考慮し、持続可能な成長や価値の創造が経済的な利益に転嫁するというのは10年単位で期待する成果です。例えば、GHG削減などの目標に資する投資であれば、そのインパクトは2050年、2100年までを視野に入れています。

これと比較し、今の典型的な運用評価期間は、四半期、1年、3年と「短期」であることも位置づけを難しくしている一因と考えられます。

2　受託者責任

特に企業年金については、ESG要素を運用に勘案することが受託者責任に照らして適当かどうかという議論もあります。「受託者責任」とは、受益者から資産運用を受託する者が果たすべき責任を言い、善管注意義務と忠実義務とからなります。

議論があるのは、投資でESG要素を勘案することが、受益者の利益を犠牲にしてそれ以外の者の利益を図ってはならないという忠実義務に抵触するのではないか、という点です。この点に関しては、ESG投資が拡大する中で解釈も変遷しています。海外と日本の状況をまとめます。[*13]

米国では、企業年金制度を規制するエリサ法（1974年従業員退職所得保障法）の解釈通知において、労働省が考えを示しています。2008年の通知では、経済的利益以外の要素を投資決定に用いることには慎重でした。2016年の通知では、リスク・リターンの評価においてESG要素を用いることを投資方針などに盛り込めることが示されました。

しかし、2020年6月に示した規則改正案は、ESG要素の利用方法を厳しく限定し、社会・公共政策的な目標を受益者の経済的利益に優先させることに釘を刺す内容であったために、アセット・オーナーやアセット・マネジャーからの反対意見が相次ぎました。同年11月にESG要素に関連する記述を削除するなどして規則は成立しましたが、2021年3月に労働省は、追加の指針を設けるまでは適用しないことを公表しています。

一方、EUではESG要因を投資プロセスに組み込むためのルール整備の流れがあります。年金に関しては、2016年EU職域年金基金指令の改正で、リスク評価に気候変動などの環境や社会の要因を考慮すること、運用方針にどのようにESG要素を考慮しているか付加することなどが盛り込まれました。さらに、後にも述べるように、サステナブル・ファイナンスに関する行動計画の下で広く資本市場参加者のそれぞれのプロセスで持続可能性を考慮することが求められています。

日本では、ESG投資に関して法的な位置づけは明確ではありません。アセット・オーナーに対するものとしては、GPIFをはじめとする公的年金に対しては、総務省などの告示[*14]で「被保険者の利益のために長期的な利益を確保する観点から、財務的な要素に加えて、非財務的要素であるESG（環境、社会、ガバナンス）を考慮した投資を推進することについて、個別に検討したうえで、必要な取組を行うこと」と明記されています。

一方、厚生労働省が、確定給付企業年金向けに示したガイドライン[*15]では、マネジャー選定にあたって、「日本版スチュワードシップコードの受け入れやその取り組み状況、ESG（環境、社会、ガバナンス）に対する考え方を定性評価項目とすることを検討することが望ましい」としています。

また、母体企業との関係をみると、上場企業を対象とするコーポレートガバナンス・コードは、基本原則2の「考え方」でサステナビリティに関する積極的な対応を進めることの重要性述べています。そして、原則2－6ではアセット・オーナーたる企業年金に運用機関のスチュワードシップ活動のモニタリングなど機能発揮のための取り組みを求めています。これらの行動規範の背景には、アセット・オーナーがそれぞれに投資目的を実現する中にESG要素を考慮することを後押しする意図があると考えられます。

3 欧州で進む一連の法整備

EやSの中でも、気候変動への対応の必要性は今や各国で広く認識されています。日本でも2020年10月に2050年までにネットゼロとする目標が表明され、その後、14分野を特定し政策が打ち出されています。また、米国も政権交代とともに一度脱退したパリ協定に復帰し、財政政策の中に気候問題への対応が位置づけられています。

気候変動への対応において先行する欧州（EU）では、資本市場の参加者の行動変容をうながして、持続可能な社会への移行に向けた取り組みを加速させています。そもそもEUでは環境問題の意識が高く、2008年のリーマンショック前の2007年に「20－20－20」という目標を掲げ、エネルギー効率20％向上、温室効果ガス20％削減、再生可能エネルギーによる発電20％を打ち出しています。[*16]

2015年のパリ協定の成立と翌年の発効を経て、2018年3月に欧州委員会は、資金をサステナブル投資に向けること、気候変動などに起因する財務リスクを管理すること、財務・経済活動における透明性の向上ならびに長期志向をうながすことを目的に「サステナブル・ファイナンスに関する行動計画」を策定しました。

そして、この計画に則り、EUタクソノミー（2020年）やサステナブル・ファイナンス関連情報開示規則＝SFDR（2019年）などの法令を通じて、企業、銀行や保険、資産運用会社など資本市場の参加者に対して、持続可能な企業活動や投資に関してより透明性ある開示を求め、行動変容をうながしています。

4　投資方針・目的

それぞれの運用でいかに責任投資に取り組むか――「べき論」としてESG投資を行うこと自体を重視するのか、あるいは、今日に至るまで「現代投資理論」の下で確立された「リスクとリターン」のフレームワークの中に収められるのか、それとも、第3の軸としてインパクトを設けるのか――について最終的に規定するのは、アセット・オーナーの投資方針です。

そこには、アセット・オーナーとその母体企業、受益者、契約者などを含めたより広いステーク・ホルダーの間で共有されるＥＳＧにおける問題意識が反映されるべきです。そして、負債サイドから要請される運用目標などを勘案しながら、社会的課題解決に向けた貢献と経済的利益の追求をどのようにバランスさせるかについて立場を示します。したがって、アセット・オーナーごとに、どこでどのようにＥＳＧを反映させるかの答えがあると言えます。

Column

ブリティッシュ・テレコム年金（ＢＴＰＳ）気候変動に関する方針[*17]

ブリティッシュ・テレコム年金基金の加入者は約30万人、運用資産総額は５５０億ポンドで英国最大の私的年金です。

２０２０年９月に策定した「気候変動に関する方針」では、長期的に見て気候変動が年金財政にとって明白なリスクであることを述べ、パリ協定の目標に沿って、スコープ１－３の絶対量を２０３５年までにネットゼロとする目標を設定するとともに、年金資産のポートフォリオの「脱炭素化」、排出量削減やネットゼロ社会への移行に向けた投資を行うことを定めています。[*18]

運用委託にあたっては、BTPSの目標を支持しうるマネジャーを選定し、投資目標やガイドラインとの整合性を取り、資産クラスごとに気候変動に関する適切なマトリックスを用いて報告することを求めています。そして、スチュワードシップ活動においては、基金の考えと一貫した議決権行使や発行体とのエンゲージメントを実施することとしています。

5　責任投資の目的

では、責任投資、ESG投資を行うにあたってのアセット・オーナーの目的にはいかなるものがあるのでしょうか。次の4つの切り口で考えてみたいと思います。

①価値観

一定の倫理観や社会問題に対する考えを、経済的なリターンを獲得するための投資活動においても表明するものです。例えば、タバコや酒、ギャンブルなどに関連するビジネスへの投資を行わない、という方針です。ESG投資の源流にある教会や学校の基金の運用などにその例は見られます。今日の地球環境の持続性に対する強い懸念も価値観、使命感につながると言えます。

②リスク管理

環境や社会に関するリスクは、投資で通常相手にしている市場リスクのようにある程度モデル化ができるようなものとは性質が異なります。多くは、いつ起こるかを予見することや客観的に確率を見積もることは難しく、それでいて万一、顕在化した場合には、経済的に甚大な影響が出るような事象です。それは自然現象だけでなく、政策の変更によっても生じるものです。

このような要因の影響を事前に抑制しておくこと＝エクスポージャーを下げることでリスクを低減させるのがここでの目的です。

③リターン強化

ESG要因として列挙されるさまざまな非財務面の事項の中から、投資対象である企業にとって重要な課題を抽出し、財務分析と合わせて対象を絞り込んで評価を行い、投資することが将来の財務リターンに結びつく、という「確信」に根差すものです。

④インパクト

経済的なリターンの獲得と並んで、新たな目的として投資を通じた環境や社会課題の解決に何らかの貢献をすることを目指します。気候温暖化への対応は、その典型的な例です。

ポリシーと目的に応じて、それをどう実践するかは規定されます。次にアセット・マネジャーの視点からのＥＳＧ投資を投資手法の類型と実践例とともにまとめます。

② アセット・マネジャーの論点

今やほとんどすべてのアセット・マネジャーがESG投資を行っていると言っても過言ではありません。[*19] しかし、急速に拡大するこの新しい領域で、自分たちの投資哲学やこれまでの投資プロセスの中でいかにESGに取り組むのか、取り組めるのか、について、アセット・マネジャーの自問自答は続いています。

1 ESG投資――実務でのポイント

現代ポートフォリオ理論において、投資対象とはリスクとリターンという2つの尺度を使って相互に比較が可能で、最終的には投資目標とリスク許容度の中で選択されるものです。そして、定量的か定性的かその度合いに差はあるものの、一定のプロセスを経てポートフォリオにおける投資比率が決定されます。ちなみに、リスクの計算では資産リターン間の相関も考慮されています。こうしたフレームワークの中で「ESGを実装する」ためには、考えるべきポイントがいくつもあります。

①ＥＳＧ投資の「異質」な側面

行動ファイナンスの切り口でＥＳＧ評価を投資に実装することを考えると、リスク・リターンの世界での意思決定とは少し異質な点が見えてきます。

この分野における１つの考え方は、人間の行動を「行うこと自体に意義が見出される行動」と「何か目的を実現するために取られる行動」の２つに分類します。[20]

前者は、例えば、災害で被害を受けた地域を助けるための募金、昔通った遊園地が施設を更新するためのクラウド・ファンディングなどに協力する場合です。そして、後者は、モノやサービスを比較して購入する場合や、投資機会の選別などがあります。

興味深いのは、ＥＳＧを踏まえる投資、すなわち責任投資には前者の要素も多分に含まれているという点です。環境や社会のために役立てたいという価値観ないし使命感は、第１章でも紹介したようにＥＳＧ投資の源流にある考え方です。そして、こうした行為自体の意義を重んずる姿勢は、経済と社会、環境において変革を求めるＳＤＧｓにもつながるものと言えます。

しかし、常にぶつかるのが、そもそも投資は、「経済的リターンという目的を実現する手段」であるという点です。そして、これまでのリスク・リターンの世界では、投資を行うこと自体の意義は想定されていません。次節で紹介する投資手法の中に、「エクスクルージョン」や「インパクト投資」「インテグレーション」という整理が生まれた背景には、こうした投資行動の裏にある目的の多面性があるのです。

② 情報取得や体制整備

リスク・リターンの世界にESG情報を取り入れ、投資対象を選択しようとするときに直面するもう1つの問題は、ESGをはじめとする非財務要因が、多くの場合、定性的で、個々の発行体に関する情報の開示のあり方も現段階では標準化ができていない点です。[*21] また、明示的に財務パフォーマンスへの影響を考える上で、温室効果ガスの排出量を例外として、ESGの要素に「価格」がついているわけでもありません。

確かに、世界には多くのESG評価機関があり、公開情報や独自の質問票を基に対象企業についてレーティングやスコアを算出しており、アセット・マネジャーはそれぞれに評価機関が提供するデータを活用していますが、同一企業であっても機関によって評価が異なることもわかっています。[*22] 外部のリソースを使う場合、1社だけのデータにするのか、複数から取得して平均するのか、さらに、こうした情報を参考にしながら、独自の観点からESGに関する最終的な評価を行うのか、など、ESG情報を投資プロセスに取り込むためには体制整備が必要で、そのための予算措置も検討しなければなりません。

一方、自らの分析で環境や社会の分野で洞察を得て統合思考を実践する上では、専門性という壁もあります。アセット・マネジメント業務に従事する者がキャリアを形成してきたこれまでの過程には、財務・経済分析、確率統計という分野とは違って、例えば人権問題や生物多様性などを経済活動との関係において思考を巡らせ、投資評価に関連づけるなどの経験を積む機会は極めて限られていたと言わざるをえません。

投資先企業の開示情報を十分に咀嚼《そしゃく》してより良く活用するために、アセット・マネジャーは相手に開示を求めると同時に、自らの知識の拡充に意図して取り組まなければなりません。そのリソースのかけ方は、次に述べる運用戦略の性格とも関連します。

③ インプリメンテーション

リターンないしアルファの予測を行うアクティブ戦略（つまり、能動的に投資対象の絞り込みを行う）とリターンに関する予測を用いないインデックス運用との間では、アセット・マネジャーが投資対象の調査分析やスチュワードシップ活動に対するリソースの割き方が異なります。

より高いリターンへの確信がある投資対象を例えば30〜50に絞る運用では、企業の経営者の考え、事業の内容、それを取り巻く環境などに関するより深い知見と洞察は不可欠です。ちなみに、市場評価の一時的な公正価値からの乖離が是正されるとの確信に基づく投資なのか、今後、企業価値が成長していく確度の高さから投資をしているのかによっても着眼点や想定する投資期間には違いがあります。

一方、幅広い投資対象に分散投資を行いながら、市場全体の動きに連動させるインデックス運用やポートフォリオ属性（例：低ボラティリティ）を達成しようとするスマート・ベータと呼ばれる運用では、個々の企業の事業への洞察は必要とされません。

前者の運用では、期待リターンなり目標株価を設定する場合のファイナンシャル・モデルにおいて将来の財務パフォーマンスを見通す際に、「インテグレーション」として

ＰＥＳＴ[*23]の枠組みによるマクロ環境分析や個々のビジネスのＳＷＯＴ分析などにおいて、質的にＥＳＧ要因を反映させることが行われます。そして、投資開始後のエンゲージメントを継続的に実施して進捗を確認する一方、議決権行使では投資先企業との対話で得られた知見を反映させています。

後者の運用の場合、スチュワードシップ活動において、数千件を超える投資先企業にアクセスしながら質を担保することは、費用対効果から考えると正当化することは容易ではありません。多くの場合、議決権行使において、各運用会社はそれぞれに議決権行使方針（ガイドライン）を設定し、外部のサービスを併用して一定の数値基準を適用しながら、システマティックな対応を行っています。エンゲージメントについても、例えば多くの企業に共通する課題を優先させ、対話の対象を特定するなどの工夫も行われています。

④評価における時間軸

有効なガバナンスの下で環境や社会への課題を考慮することが、やがて経済的なリターンにつながるという信念を持って運用に取り組む場合、実現するまでの期間は通常、アセット・オーナーがアセット・マネジャーの運用実績を評価する期間よりもはるかに長いことは前節でも触れました。この点は、アセット・マネジャーが発行体企業の戦略とその取り組みを評価する際の時間軸に影響を及ぼしていると言えます。

責任投資には、それまでの株主資本主義の下で進んだ短期志向への反省の意味もあるのですが、実務レベルでの時間軸のアラインメントを取る上での信頼関係を築くためには、アセット・マネジャーとオーナーとの間の「エンゲージメント」も不可欠な要素です。

2 投資目的と手法の整理

改めて責任投資（Responsible Investment）とは、ＰＲＩの定義によれば、ＥＳＧの要素を投資判断・意思決定や議決権行使、エンゲージメントなどのアクティブ・オーナーシップに取り入れることとされています。

責任投資、ＥＳＧ投資というと１つの決まった形があるようにとらえられるかもしれませんが、一言で「ＥＳＧの要素を取り入れる」といっても、その手法は、アセット・オーナーの考えによって実に多様です。以下では、前節で整理した目的とＧＳＩＡ[*24]がまとめる責任投資の手法を参考にしながら、大まかな対応関係を示したいと思います。なお、目的はそれぞれが背反ではなく、複数が並立することもあります。

①GSIAによる整理

GSIAは責任投資の手法を次の7つに整理しています。

・規範に基づくスクリーニング＝経済協力開発機構（OECD）、国際労働機関（ILO）、国際連合、国連児童基金（UNICEF）などが定める国際規範がビジネスに求める最低限の要件を順守できていない場合、投資対象から取り除く手法

・ネガティブ・スクリーニング＝一部のセクター・企業を特定して、あるいは具体的なESG基準に該当する対象をファンドやポートフォリオから除外する手法

・ポジティブ・スクリーニング／「ベスト・イン・クラス」＝同業他社と比較して優れたESGへの取り組みを前提にセクターや企業、プロジェクトに投資を行う手法

・ESGインテグレーション＝財務分析においてESG要素を明示的かつ体系的に統合する手法

・持続可能性テーマ投資＝クリーンエネルギーやグリーンテクノロジー、環境保全を考慮した農業など環境や社会の持続可能性に関連したテーマや資産に対する投資

・インパクト投資／コミュニティ投資＝社会や環境における課題の解決を目的とする投資、あるいは医療などのサービスが十分に提供されていない個人やコミュニティへの投

資、社会的事業へのファイナンス

・エンゲージメントならびに株主権の行使＝企業の行動に影響を与えるために株主としての権利を行使する。マネジメント上層部や取締役会とのコミュニケーションなど直接、企業に対して実施するエンゲージメント、単独ないし共同で行う株主提案、包括的なＥＳＧ方針に則った議決権行使

アセット・オーナーの「経済的なリターン追求」と「環境や社会の課題解決への寄与」のバランスの取り方は、先ほど紹介した４つの目的を反映するものであり、マネジャーが提供すべき手法を規定するものです。

目的と手法を感覚的に表現した対応関係を図表４－１に示します（より強く関連すると思われる関係は■のように黒地で、何らかの関連性があると考えられる場合には□のように白地で表示しています）。

先に紹介した手法のうち、各種のスクリーニングからインパクト投資までの手法においては、ポートフォリオの投資対象の選定・評価ならびに構築方法に違いがあります。最後のエンゲージメントならびに株主権の行使は、投資を行った後のモニタリングや影響力を

図表4-1 ESG投資の動機と投資手法

	価値観の表明	リスク管理 将来のどこかで顕在化しうるリスクへの対処	リターン強化 ESG情報の活用・持続可能なパフォーマンスの実現	社会的課題に対するインパクトの寄与
規範に基づくスクリーニング	■			
ネガティブ・スクリーニング	■	■		
ベスト・イン・クラス		■	□	
インテグレーション		□	■	
持続可能性テーマ投資			■	□
インパクト投資		□	□	■
エンゲージメント・議決権行使	□	□	□	□

注：上記は例示であり、将来変更される場合があります
出所：アムンディ

行使するために行われ、4つのいずれの目的にも関連していると言えます。

実務的にみると、以上の手法は、それぞれにあるESG投資目的を実現するために、単独というよりも組み合わせで投資プロセスに反映されています。例えば、インテグレーションの投資プロセスで一定のスクリーニングが実施され、投資先企業に対して、エンゲージメントが行われる、といった形です。

ちなみにESGを勘案する度合いとしては、スクリーニングから始まり、インテグレーション、インパクトの順に高くなります。以下では、主としてアムンディの実際の取り組みを紹介します。

②スクリーニング

スクリーニングは、スコアやレーティング、あるいはセクターの属性などで一定の条件を設け、それを満たすものを投資対象＝ユニバースとして定義するために用いられます。ちなみにESGの総合評価の場合もあれば、ESGの項目で特定する場合もあります。

「ネガティブ」と「ポジティブ」の違いは相対的で、閾値《いきち》の置き方によります。

規範に基づくスクリーニングの例として、アムンディの「セクター・ポリシー」を紹介

図表4-2　ネガティブ・スクリーニングの例：アムンディのポリシー

<table>
<tr><th>原則</th><th colspan="2">除外対象</th></tr>
<tr><td rowspan="4">● 国連グローバル・コンパクト
● 人権、労働団体、環境に特化した国際条約
● オタワ条約、オスロ条約…</td><td colspan="2">アムンディのESG方針、国際条約、国内法規制に違反する企業の除外:
● 対人地雷[1]
● クラスター爆弾[1]
● 化学兵器[2]
● 生物兵器[2]
● 劣化ウラン兵器</td></tr>
<tr><th colspan="2">問題がある産業「セクター・ポリシー」</th></tr>
<tr><td>石炭*</td><td>● CAグループが定める石炭開発業者に指定されている企業
● 石炭採掘が売上の25％を超える企業
● 年間石炭採掘量が1億トン以上で、削減意向を示していない企業
● 石炭採掘と石炭火力を合計した売上高が50％超の企業
● 石炭採掘と石炭火力を合計した売上高が25％から50％で、アムンディが定義するエネルギー関連指標のパフォーマンスが悪化している企業</td></tr>
<tr><td>タバコ*</td><td>● タバコの製造者であり売上が全体の5％を超える企業
● タバコの原料供給、製造、販売に関与し、関連売上が10％を超える企業は、除外対象でないがEレーティングを上回ることはない</td></tr>
</table>

注：*2020年12月末施行予定

1）オタワ条約 1997/12/3 、オスロ条約 2008/12/3　それぞれ164カ国・103カ国で批准（2018年7月現在）（EU連合を含み、米国を除く）。

2）化学兵器の開発・製造・貯蔵および使用の禁止ならびにこれらの廃棄に関する条約　1993/1/13。

3）細菌兵器（生物兵器）および毒素兵器の開発、生産および貯蔵の禁止ならびに廃棄に関する条約 1972/3/26。

出所：アムンディ

図表4-3 ベスト・イン・クラス戦略の例

AからGまである自社のESGスコアと財務指標や足元の株価水準の妥当性のスコア(+2から-2までの5段階)を組み合わせて、「総合スコア」を決定します。ESGスコアでは、D以上の評価がある銘柄が投資対象となっており、その中で財務レーティングが高いものをより多く組み入れます。

総合スコアと組み入れルール

		非財務レーティング(ESGスコア)						
		A	B	C	D	E	F	G
財務レーティング	+2	+2	+2	+2	+1	−2	−2	−2
財務レーティング	+1	+2	+2	+2	+1	−2	−2	−2
財務レーティング	0	+1	+1	+1	0	−2	−2	−2
財務レーティング	−1	0	0	0	−1	−2	−2	−2
財務レーティング	−2	0	0	0	−1	−2	−2	−2

総合スコア +2：
オーバー・ウエイト

総合スコア −1：
アンダー・ウエイト

総合スコア 0/+1：
ベンチマーク並みの組み入れ

総合スコア −2：
除外

出所：アムンディ

図表4-4　インデックス・ソリューション

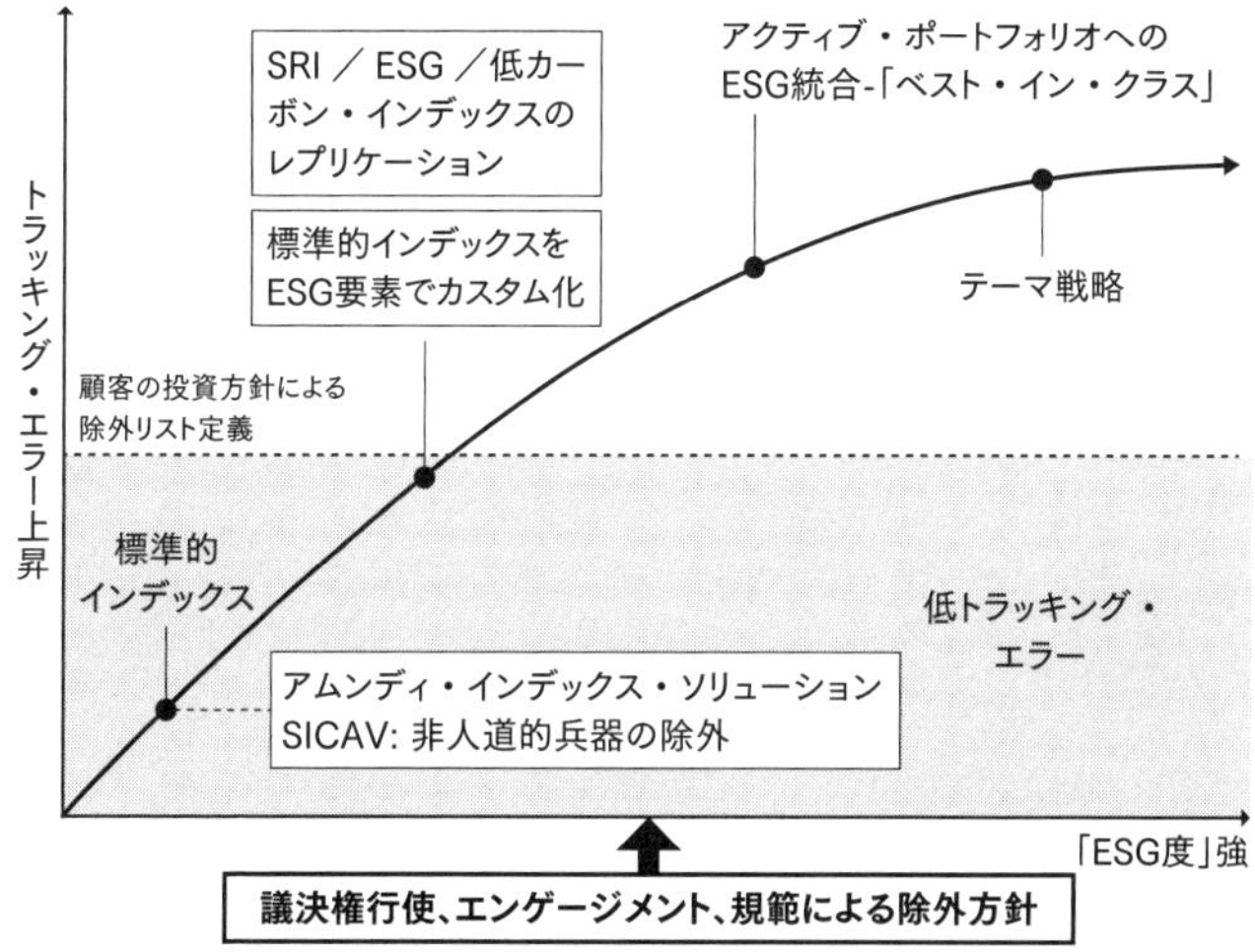

出所：アムンディ

します（図表4－2）。

アムンディには、武器製造に関する国際条約や国連グローバル・コンパクトの要請に反する企業、そして、石炭採掘・火力発電にかかわる事業を行う企業、タバコ製造にかかわる企業をアクティブな運用を実施するポートフォリオで投資することを認めないポリシーがあります。こうしたルールは、化石燃料が地球環境に及ぼす影響や喫煙と健康に対する運用会社としての価値観を反映しているとも言えます。また、石炭火力に対するポートフォリオのエクスポージャーを事前に抑える意図もあります。

こうして定義されるユニバースに対して、アクティブな銘柄選択を財務、バリュエーション分析を通じて行うケースもあれば（図表4－3「ベスト・イン・クラス」）、標準的なベンチマークとの相対リスクを最小化しながらポートフォリオを構築するパッシブなプロセスもあります（図表4－4「インデックス・ソリューション」）。

③ESGインテグレーション

「価値創造モデルが持続的に機能することによって、やがてこうした非財務事項は財務パフォーマンスに転化する」という確信の下、ESG要素を投資ユニバースのスクリーニングの基準としてではなく、より深く投資対象を選定し評価するプロセスの中に統合（＝integrate）するプロセスを指します。

例えば、投資対象のビジネスモデルの持続性を検討するには、将来を見据えて環境や社会に関する諸事項がいかに財務パフォーマンスに影響を及ぼすかを考えることが不可欠です。社会（S）の観点で、組織における従業員の多様性を保ち、成長の機会、働きがいを提供できる仕組みがあるかどうか、また、環境（E）の観点からは、気候変動リスクへの対応はもとより、製品生産過程の廃棄物管理や材料リサイクルの促進など見るべき課題を

図表4-5　**インテグレーションによるリターン強化**

「統合思考」の企業評価×エンゲージメント

1)フォワード・ルッキングな視点でファンダメンタル分析にESG評価を統合

ESG評価とは……
⇒企業固有のESGの重要課題（マテリアリティ）における評価
⇒ESGマテリアリティが財務評価に与える影響の検証
⇒ESGマテリアリティと企業の競争優位性との関係
⇒ESGマテリアリティと事業戦略との関係

2)エンゲージメント：ESGの重要課題を踏まえて、将来のキャッシュフロー増加と市場割引率の縮小に働きかけ、持続的な企業価値拡大をサポート

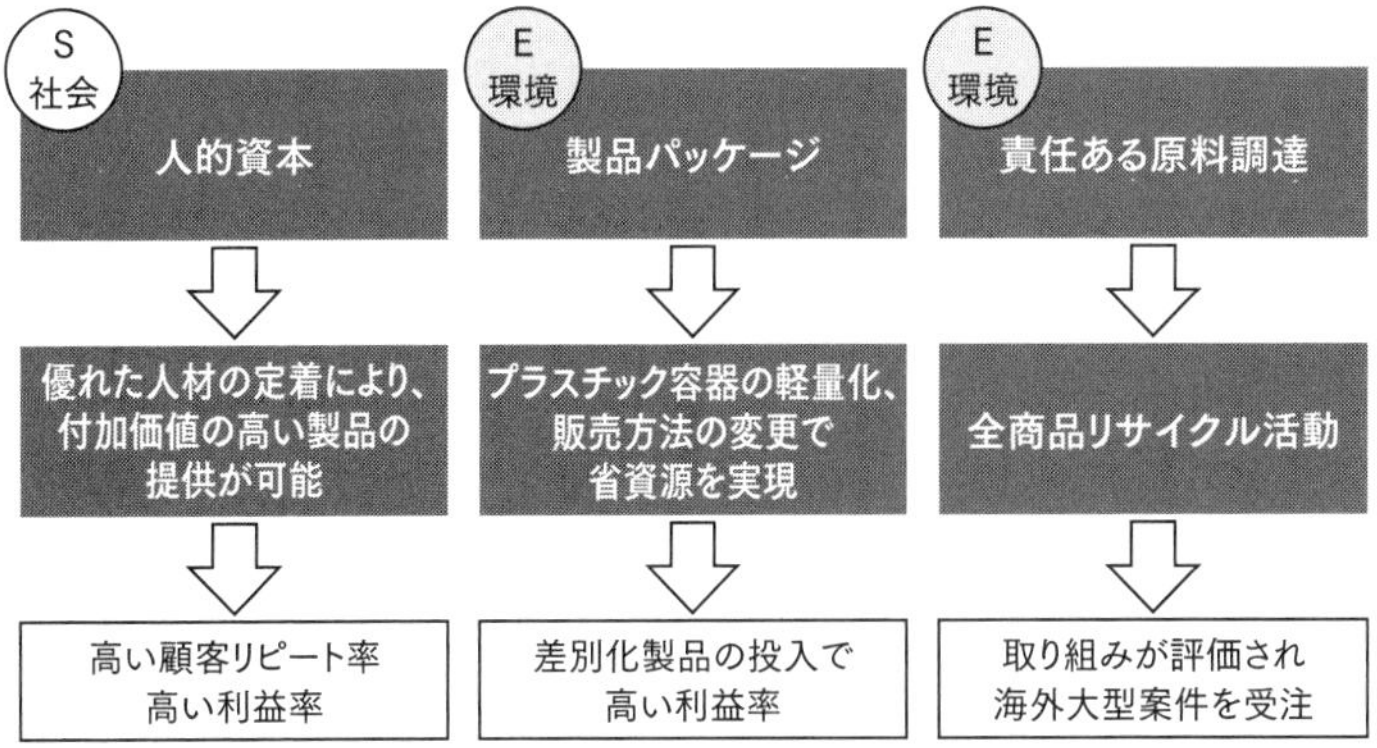

出所：アムンディ

投資対象によって把握し、リスクや将来のビジネスの機会について洞察を深めなければなりません。

　インテグレーションは発行体のビジネスモデル分析という意味では、株式投資のみならず、クレジット投資においても実践されるべきものです。また、投資対象を評価する上で、財務と非財務情報の統合というアプローチは、足元のESG評価のレベルは優れていなくとも、経営陣の深いコミットメントの下、着実に改善を積み上げている企業を認識し、ESG評価改善（＝ESGモメンタム）が価格に織り込む過程におけるリターン獲得を期待する運用戦略も考えられます。

図表4－5で、アムンディ・ジャパンにおけるインテグレーションの例を示します。この株式戦略においては、投資開始前の評価でESGと統合するとともに、投資後には、投資先企業に対するエンゲージメントを継続的に行い、企業価値の向上のための課題共有、解決に努めています。エンゲージメントとしてどのように取り組んでいるのかを以下では紹介します。

Column

エンゲージメントの実践

エンゲージメントという言葉は、一般的には何らかの「関係構築」を意味し、通常、共感や愛着を持って良い関係をつくり上げるための活動と解釈されます。投資の世界でも投資家と経営陣が意見交換により相互理解を図ることで、中長期的な企業価値の向上に資することがエンゲージメントの目的です。

しかしながら、そもそもの対話の目的が長期的な価値創造に置かれているため、すべての投資家がエンゲージメントを行うことは理にかないません。なぜなら、すべての投資家が企業の持続的な企業価値の向上と利益を目的とするとは限らないからです。

ヘッジファンドのように空売りも行う投資家は、長期的な企業価値向上よりも短期的に株価が下がる材料を常に探しています。このようなヘッジファンドないしはヘッジファンドにリサーチ提供しているアナリストが企業と対話を行ったとしても、そこは、協働で価値を創造するというエンゲージメントの本来の目的からはほど遠い対話の場となってしまいます。

したがって、企業と投資家双方が「同じ船に乗る」ような関係、利害が一致する関係であることがエンゲージメントの大前提となります。長期で株式を保有することを前提にしている年金基金や長期保有をうたったアセット・マネジャーがエンゲージメントを行うことを期待されているのです。

まずは相互理解から

エンゲージメントで重要なのは、投資家と企業が共通の目標を持っていることです。したがって、投資家が有効なエンゲージメントを行うためには、企業と投資家双方が同じ共通の目標を持っていることをお互いに理解することが大事です。

企業にとっては、面談している投資家が将来にわたって企業の株を保有し、応援してくれるだろうか、そのための有用な意見を提供してくれるだろうかということが気になります。一方で、投資家のほうは、投資家が預けている資本を企業が有効に活用し、新たな価値を創造するストーリーとその実行力を持っているだろうか、ということを企業から確認したいのです。

ここでも有効なフレームワークと考えているのが、第3章で紹介した価値協創のための統合的開示・対話ガイダンスのフレームワークです。つまり、企業の、

・価値観
・ビジネスモデル
・持続可能性・成長性
・戦略

・成果と重要な成果指標（ＫＰＩ）
・ガバナンス

について投資家と企業経営陣双方が理解を深めることができれば、エンゲージメントは大きく建設的な方向に前進していくのです。

重要なＥＳＧ項目は時代とともに変化する

企業が置かれている環境は常に変化し続けています。新たに出現する社会的ニーズや企業に求められる社会的責任も時代とともに変化していきます。したがって、企業の持続可能性や新たな事業戦略のために重要なＥＳＧ項目は変化します。

今の多くの企業にとって重要なＥＳＧ項目は、サプライチェーン上の人権に関するものであったり、環境規制上の対応であったりします。これらは近々に対応しなければ、例えば資材調達や生産した製品の販売が難しくなったり、行政処分などにより事業の存続が危ぶまれたりするようなこともありえます。しかし、例えば、今後はＤＸ（デジタルトランスフォーメーション）の進展でネットワーク上に載る情報量が爆発的に拡大していきます。そうすると、個人情報の取り扱いがより重要度の高いＥＳＧ

項目になってくるかもしれません。

アムンディは、業界ごとに蓋然性（関連性）が高いESG項目とそれらの項目の企業に対するインパクトを乗じた各項目のレーティング上のウェイトを出していると第2章で説明しました。この蓋然性や企業に対するインパクトが、時代の変遷によって変わるということです。

今日、石炭資産や石炭由来の事業を行うことは企業の持続性に大きなインパクトを与えるようになりました。環境問題は長らく議論されていましたが、石炭資産を有することで企業の持続可能性が危ぶまれることになったのは最近のことです。

エンゲージメントはこうした時代の変化を投資家と企業が共有する土壌を作ることになります。

投資家は広く世界から集まってくる情報を基に社会の変化をかぎ取っています。企業は日々のオペレーションを通じて社会から求められているニーズが変化していることを肌で感じます。対話を通じてお互いの情報が共有されることで、まさに「同じ船に乗り」、「協働で」リスクを回避し、事業機会を見出すことができるのです。オーナーと経営陣が二人三脚するという理想のインベストメント・チェーンの姿が得られるのです。
ＥＳＧ課題を含めたエンゲージメントは、まだこれから大きな発展の余地がありま
す。

④インパクト

インパクトをともなう手法には、インパクト（コミュニティ）投資や持続可能性テーマ型投資があります。前者のカテゴリーには、直接的なプロジェクトや事業への投融資もあれば、発行・流通市場を通じた投資もあり実に多様です。後者は上場株式を通じたものが多く見られます。

以下では、アセット・マネジャーとしてアムンディが実際に取り組むものの中から、債券を通じて環境や社会的なインパクトをグリーンボンドやソーシャルボンド、そして、「水資源」に着目するテーマ型株式戦略について紹介します。

■グリーン・ソーシャル・サステナブル（GSS）債券

●グリーンボンド――環境に配慮したプロジェクトに限定した資金調達

債券発行により調達した資金を、ESG／SDGsの観点から持続可能な社会実現に影響を及ぼすプロジェクトのためにのみ使用する債券を「ラベル付き債券」と呼ぶことがありますが、その中で最も発行体数や発行残高が多いのがグリーンボンドです。

グリーンボンドとは、発行により調達した資金の使途が明確な環境改善効果が見込まれるグリーンプロジェクトに限定し充当される債券のことを言います。基本的には資金使途を限定している以外、通常の債券と何ら異なるところがない債券です。

世界で最初のグリーンボンドは、調達した資金使途を再生可能エネルギーとエネルギー効率化プロジェクトに限定した「気候変動への認知度を高める債券」という名称で欧州投資銀行（EIB）が2007年に発行したものと言われています。

「グリーンボンド」という名称が初めて使われたのは、2008年、世界銀行が二酸化炭素排出削減などの環境への影響を配慮したプロジェクトのための資金を調達する目的で債券を発行したときで、それ以降、この呼び名が定着しています。

図表4-6 **世界のグリーンボンド等発行額の推移**

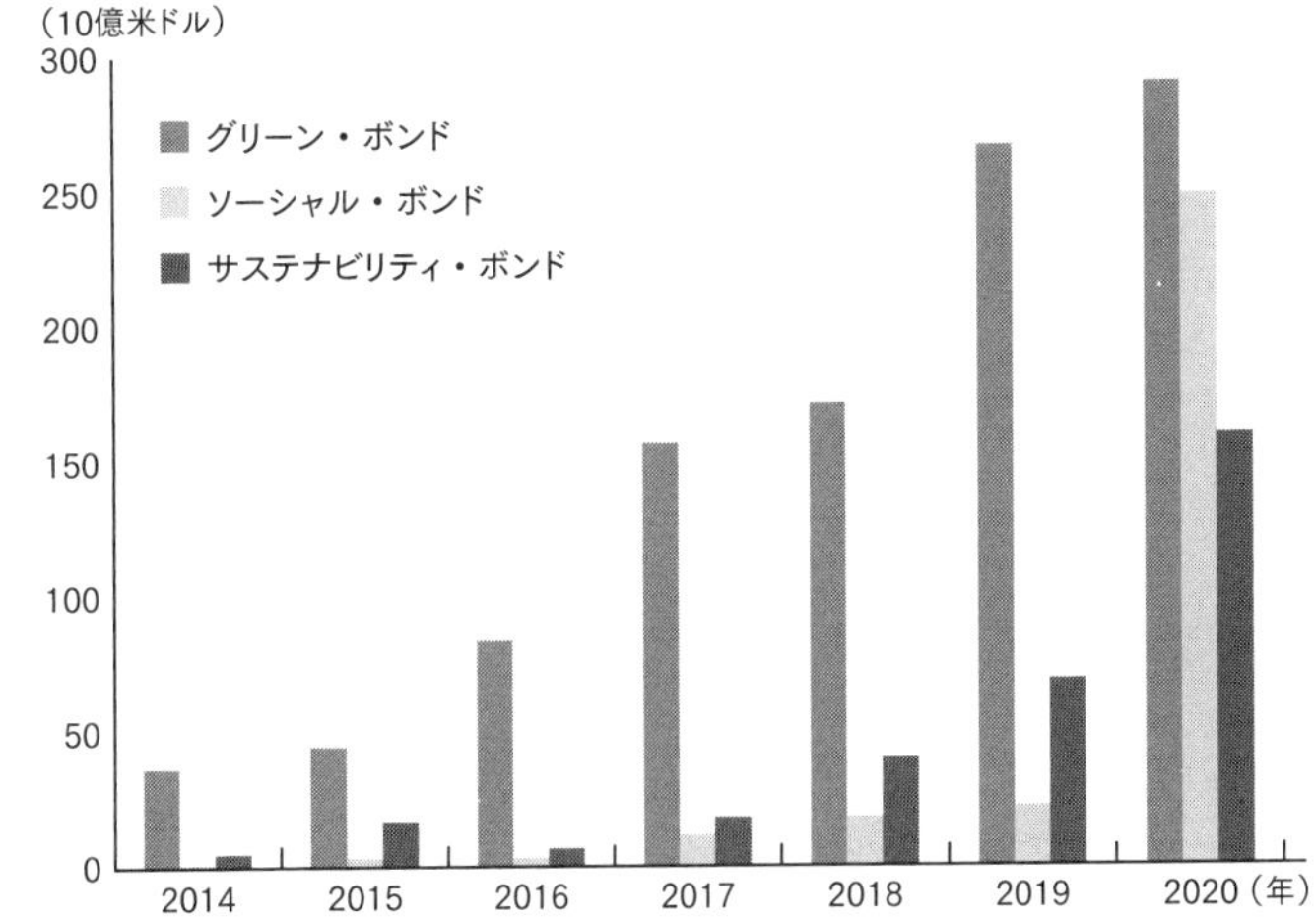

出所：Climate Bond Initiatives

２０１３年３月、国際金融公社（ＩＦＣ）が発行した10億米ドルという市場のベンチマークになりうる大規模なグリーンボンドが即時完売したことから、市場の急拡大が始まりました。同年11月にスウェーデンの不動産会社であるバサクロナン（Vasakronan）が企業として初めてグリーンボンドを発行したのを皮切りに、多くの大企業が相次いでグリーンボンドを発行するようになり、市場の成長に拍車がかかりました。

２０１４年にグリーンボンド原則が策定されたことで、投資家の側でもグリーンボンドに投資しやすくなったこ

図表4-7 国内のグリーンボンド発行額の推移

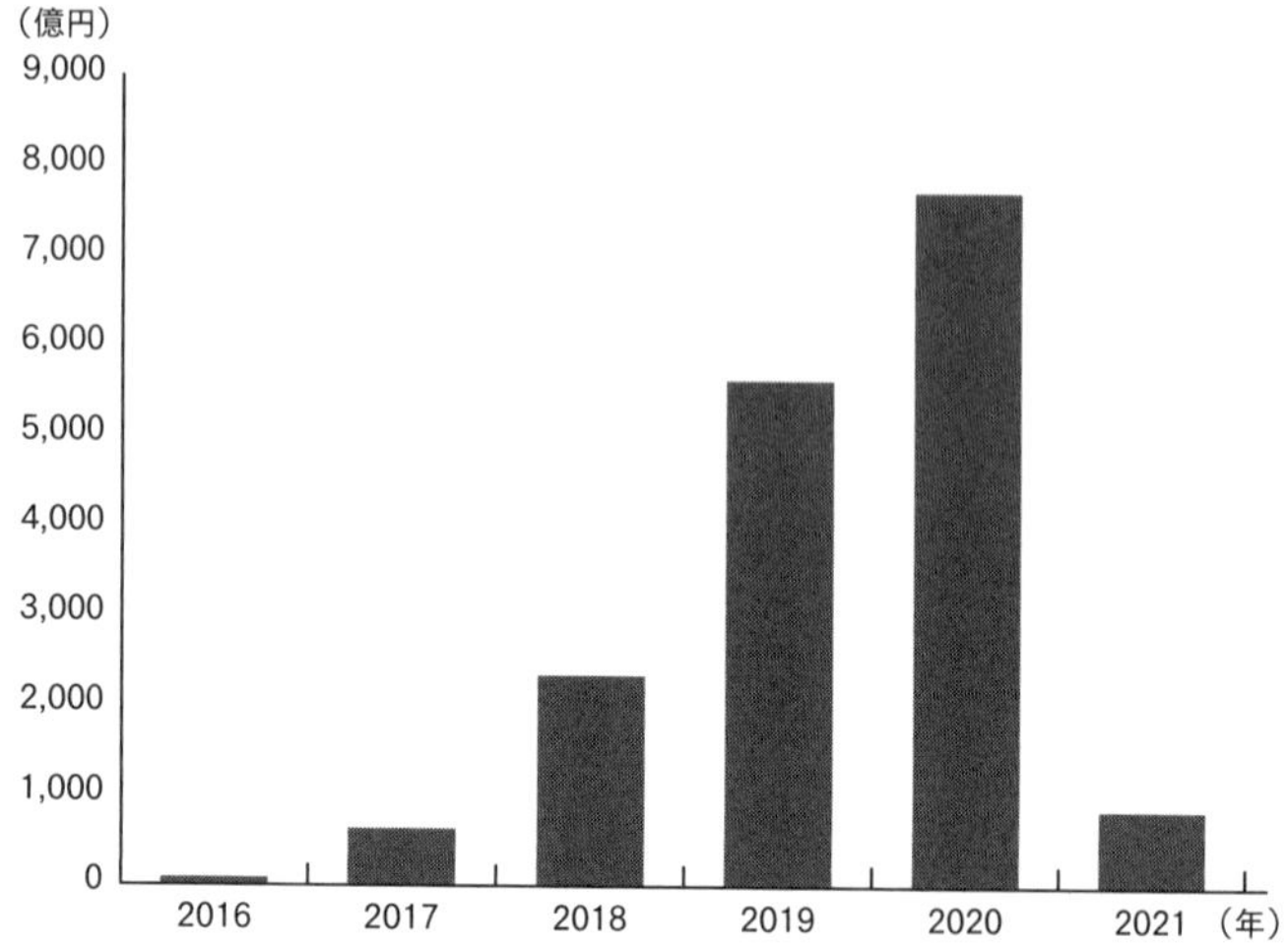

出所：日本証券業協会

とも市場急拡大を後押ししたと考えられます（グリーンボンド原則に関する説明は後述）。

日本でも、2014年に日本政策投資銀行が最初のグリーンボンドを発行したのを契機に、都市銀行や東京都も発行市場に参入し、グリーンボンドの市場規模が拡大しています。

グリーンボンド原則（GBP）

前述の通り、環境保全に効果がある新規および既存のプロジェクトの資本調達と投資を可能にするグリーンボンドの発行過程を明確に定義し、また、その内容を開示して透明性を確保することでグリーンボンド市場の発展を促進する自主的なガイドラインとしてグリーンボンド原則（以下、ＧＢＰ）が、２０１４年に国際資本市場協会ＩＣＭＡによって策定されました（２０１８年に改訂）。

ＧＢＰは次の４つの核となる要素で構成されています。

(i)　調達資金の使途

グリーンボンドの要件として最も重要なのは、その調達資金がグリーンプロジェクトのために使われるということであり、適格なプロジェクトの事業区分として、再生可能エネルギー、エネルギー効率、汚染防止及び抑制、陸上及び水生生物の多様性の保全、クリーン輸送、気候変動への適応、グリーンビルディングなどがあげられています。

(ii)　プロジェクトの評価と選定のプロセス

グリーンあるいはグリーンプロジェクトの定義は事業セクターや地理的条件によっても異なるので、発行体は投資家に対し、環境面での持続可能性に係る目的、対象となるプロジェクトが適格なグリーンプロジェクトの事業区分に含まれると判断する基準と判断プロセスを明確に伝えるべきとされています。

また、プロジェクトの評価・選定プロセスは、外部評価によって補完されることが奨励されています。

(iii) 調達資金の管理

グリーンボンドによって調達された資金の全部、あるいは同等の金額が適切な方法により管理・追跡されていることが発行体によって証明されるべきとしています。

さらに、資金の内部追跡管理方法とその資金の充当状況に関する検証のため、調達資金の管理は監査人またはその他の第三者機関の活用によって補完されるべきとされています。

(iv) レポーティング

多くのグリーンボンド発行体は、GBPに従い、年に一度はグリーンボンドで調達した資金使途に関する最新の情報を報告書にまとめ、資金が充当されている各プロジェクトのリスト、各プロジェクトの概要、充当された資金の額及び期待される効果等を開示してい

図表4-8　IFC　グリーンボンド・インパクト・レポート

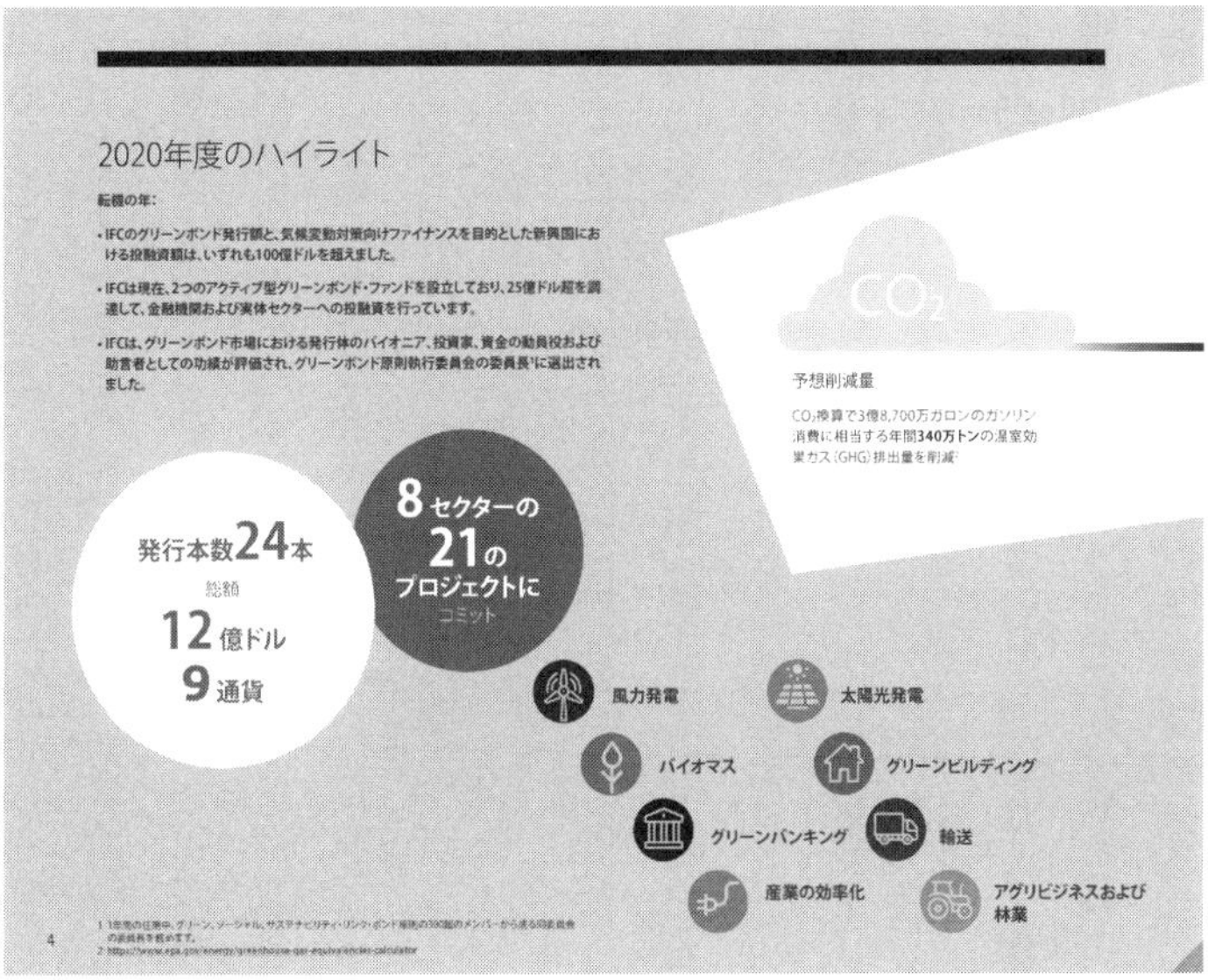

出所：IFC

ます。

(例) ＩＦＣ（国際金融公社）が発行したグリーンボンド・インパクト・レポート（２０２０年版）

　また、ＧＢＰは、外部評価を受けることを奨励しています。外部評価は大きく分けて、セカンド・パーティ・オピニオン、検証、認証、グリーンボンドスコアリング／格付けの４つの形態に分類され、評価提供者の中には分割あるいは統合した形で複数のサービスを提供するものもあります。

4つの核となる要素、および外部評価に関する記述で「奨励」という言葉が使われていることが示している通り、GBPは市場参加者による自主的ガイドラインであるため法的拘束力を持つものではありません。しかし、これらの要素を充足しておらず、外部評価も受けていないグリーンボンドは「グリーンウォッシング（見せかけだけの環境保護目的）」と見なされかねないことから、事実上の規制のような働きをしており、グリーンボンド市場の健全な発展に寄与していると言えます。

グリーニアム（グリーンプレミアム）

昨今、グリーンボンドを巡る議論の中で関心を集めているものに、グリーニアム（またはグリーンプレミアム）があります。グリーンボンドは調達した資金の使途が、環境改善効果が見込まれるグリーンプロジェクトに限定されているという以外、通常の債券と変わるところがなく、元利払いの確実性も発行体の信用リスクに依存しています。

債券取引においては、同一発行体が発行する債券で、満期償還日が同じ、かつ返済順位に関する取り決めなどもまったく同じであれば、同じ利回りで取引されます。ところが、使途が限定されているだけで返済順位などに違いがないグリーンボンドと非グリーンボンドの取引利回りに差が生じてきています。

具体的には、グリーンボンドの利回りのほうが同条件の債券よりも低い状態で取引される傾向があり、その背景には環境に配慮した債券への投資需要が急速に高まっていることで、債券価格が上昇（＝債券利回りが低下）しやすくなっているという事情があります。この利回りの差のことをグリーニアム、またはグリーンプレミアムと呼んでいます。

環境に配慮した取り組みを推進したい企業や国とっては、資金調達コストの低減につながるグリーニアムは魅力的な発行誘因となりますが、投資家の側から見ると期待収益率が低下するという問題に直結するため、どこまで許容すべきかという難点があります。

また、通常の債券発行に比べ、追加的な情報開示などを求められるグリーンボンドは発行体に追加的なコスト負担を強いる構造になっており、このコストを最終的に誰が負担すべきなのか、という観点からもグリーニアムに関する議論には注目が集まっています。

アムンディの推計[*25]によると、このグリーニアムは全通貨平均で０・０２１７％となっていますが、通貨によりその水準は異なっており、米ドル建てグリーンボンドのグリーニアムはユーロ建てグリーンボンドのほぼ2倍の水準にあります。

また、発行体のセクターや計測時期によってグリーニアムの統計的な有意性に違いが生じているなど、グリーンボンド市場の歴史の浅さゆえに定説となる考え方も固まっておらず、今後さらなる市場の発達と議論の進展が待たれるところです。

●ソーシャルボンド——社会的課題に対処するプロジェクトに限定した資金調達

ソーシャルボンドとは、発行により調達した資金の使途がグローバルな社会的課題に対処・軽減、あるいはポジティブな社会的成果の達成を目指すプロジェクトに限定し充当される債券のことを言います。社会的課題への対処というプロジェクトの性質上、発行体の大部分を国際機関や政府系機関が占めていますが、企業も社会的課題への取り組みを推進していく上でソーシャルボンドの活用を始めています。

世界で最初のソーシャルボンドは、予防接種のために国際金融ファシリティ（IFFIm）が2006年に発行したワクチン債と言われています。グリーンボンドの発行額が急増した2014年辺りから、ソーシャルボンドの発行額の増加も顕著になってきました。新型コロナウイルスの感染拡大により困難に陥った事業・活動を支援する目的で発行される債券もソーシャルボンドであると認識されたことから、2020年のソーシャルボンドの発行額が急激に増加しました。

ソーシャルボンドも、グリーンボンドと同様にICMAによって、ソーシャルボンド原則（SBP）が制定され、4つの核となる要素（調達資金の使途[*26]、プロジェクトの評価と選定のプロセス、調達資金の管理、レポーティング）を満たすことと外部評価が求められています。

また、調達資金の使途のすべてがグリーンプロジェクトやソーシャルプロジェクトの初期投資や再調達に充当される債券をサステナビリティボンドと呼びます。グリーンボンド原則またはソーシャルボンド原則の一方あるいはその両方の4つの核となる要素に適合することが求められます。

●サステナビリティ・リンク・ボンド――資金使途を限定せず、評価指標で管理

グリーンボンドやソーシャルボンドは債券発行によって調達した資金の使途をESGの観点からの持続可能性に貢献するプロジェクトに限定するというものでしたが、サステナビリティ・リンク・ボンドは、資金使途を限定せず企業の中核事業に充当される代わりに、事前に決めておいた重要業績評価指標（KPI）を達成できなかった場合、例えば支払い利息が引き上げられるなど、発行体に一定のペナルティが課される仕組みになっています。

グリーンボンドやソーシャルボンドと同様に、自主的ガイドラインとしてサステナビリティ・リンク・ボンド原則が制定されていますが、調達資金の使途を限定していないため、グリーンボンド原則やソーシャルボンド原則と異なり、以下の5つの核となる要素から構成されています。

①重要業績評価指標（ＫＰＩ）の設定
②サステナビリティ・パフォーマンス・ターゲット（ＳＰＴｓ）の設定
③債券の特徴
④レポーティング
⑤検証

設定した重要業績評価指標（ＫＰＩ）が発行体にとって簡単に達成できる、あるいはすでに達成している内容であるような、仕組みの不正利用を防ぐために発行体が中核事業を推進する際に目指すべき目標として、サステナビリティ・パフォーマンス・ターゲット（ＳＰＴｓ）を設定し、このターゲットそのものの難易度、および重要業績評価指標（ＫＰＩ）との関係を検証できる仕組みが求められているのが特徴です。

これまで見てきたように、債券においては、資金使途が明示され、その投資を通じて意図するインパクトが明確に示されるグリーンボンド、ソーシャルボンドが広がっています。

一方で、株式の場合は、インパクトとリターン強化、意図する持続可能性テーマ投資として、単独や複数のテーマの下でさまざまな戦略が提供されています。

■持続可能性テーマ投資

環境（E）や社会（S）の課題は将来のリスクであると同時に、新たなニーズが生まれるきっかけでもあります。持続可能性テーマ投資は、株式投資において特定の社会的課題に何らかの解法をもたらすサービスやモノを提供しうる企業を選定します。それぞれのビジネスの成長の可能性にリターン獲得の機会を求めるとともに、課題解決に貢献することも意図する戦略です。

図表4－9では、環境（E）のテーマの1つとして希少な資源である水*27を取り上げる戦

略[*28]です。農業、工業、社会のインフラと幅広い分野において水の有効利用にハード・ソフト面でかかわる企業を投資対象としています。

図表4-9 課題解決の中にあるビジネス機会

公益事業（給水・汚水処理）	インフラ	テクノロジー
規制事業 自由化された事業 新興国市場	パイプ、配管 ポンプ、流体制御 灌漑設備 建設 エンジニアリングおよびコンサルティングなど	検査・分析機器 水処理 化学薬品 計測機器、等

出所：アムンディ

■インパクト・レポート

持続可能性テーマないしインパクト投資では、ポートフォリオの運用実績とあわせて定期的にインパクト・レポートを発行し、その戦略の環境・社会の課題との関連状況や課題の解決にどのように貢献しているかが報告されます。

気候変動に関しては、非財務情報の中では比較的数値データの開示が進んでいることから、ポートフォリオで投資する企業の足元の温室効果ガス排出量の絶対値や原単位を保有比率で加重し、ベンチマークとの比較を行うほか、将来の年間排出量削減計画から推定する「ポートフォリオの

図表4-10　インパクトの表示例　SDGs達成に向けた貢献

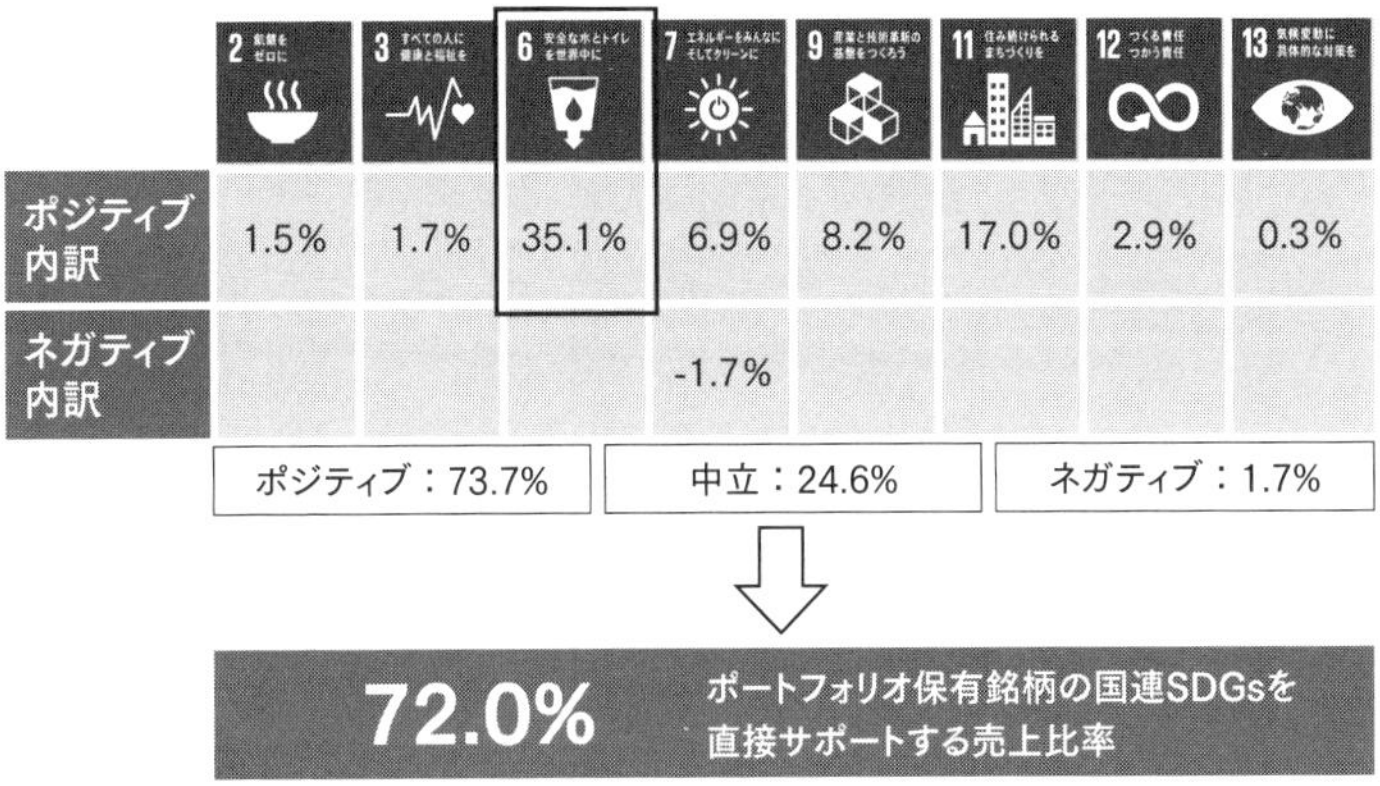

	2 飢餓をゼロに	3 すべての人に健康と福祉を	6 安全な水とトイレを世界中に	7 エネルギーをみんなにそしてクリーンに	9 産業と技術革新の基盤をつくろう	11 住み続けられるまちづくりを	12 つくる責任つかう責任	13 気候変動に具体的な対策を
ポジティブ内訳	1.5%	1.7%	35.1%	6.9%	8.2%	17.0%	2.9%	0.3%
ネガティブ内訳				-1.7%				

ポジティブ：73.7%	中立：24.6%	ネガティブ：1.7%

注：計算値は、2019年12月末のポートフォリオに基づく。KBIGI独自の手法に基づいたものであり、独立した証明は実施されていない
出所：KBIグローバル・インベスターズ

温度」などを報告します。

また、グリーンボンドの場合、資金を投じたプロジェクトが年間の温室効果ガス排出量削減に寄与したかが年次で報告されることから、ポートフォリオのレベルでその数値を集約して示します。

そのほか、環境一般では、エネルギー利用の効率化や循環経済に向けた資源リサイクルなどで定義される「グリーン・ビジネス」の割合、あるいは、投資対象とSDGsとの関連性を示す工夫も行われています。

先に紹介した水資源をテーマとする戦略では、投資対象企業の売上を構成する事業分野とSDGsとの関連を定性的に評価し、課題解決に向けた寄与の状態を報告しています（図表4－10）。

こうした報告は、問題意識を持って投資を行う顧客への開示の透明性を引き上げると同時に、意図したインパクトを生み出すための時間軸を運用者とアセット・オーナーとの間で共有することにもつながります。

なお、サステナブル・ファイナンスのルール整備を進める欧州では、2020年3月より適用されているSFDR（サステナビリティ関連情報開示規則）の施行規則案が、金融商品に関する法定開示の要件として、温室効果ガス排出、生物多様性、水資源、廃棄物、社会および雇用関係などに関する事項を定義しています。[*29]

3 効果の検証

1 ESG評価とリターン

ESGの要素を投資プロセスに組み入れることで、リターンにどのような影響があるのでしょうか。アムンディが行ったリサーチで得られた結果を使って紹介します。

ESGに関する実証分析を評価するときに留意する点があります。それは、多くの市場参加者がESGを運用に組み込む動きを本格化したのはせいぜいこの5年程度のことであって、それ以前には、体系的に投資判断に反映するための情報は今よりも限られ、ESG要素が価格に織り込まれにくい状態であったことです。これまでにも株式を中心に多くのESG評価とリターンの関係について研究がなされていますが、その結果がまちまちであったのは、このような事情にも関係しています。

アムンディが2010年以降を対象に行った分析においては、2010年代中頃に市場が変化し、ＥＳＧ評価が株式と社債リターンとの間に一定の関係があることが観察されました。いずれの分析においても、対象とするユニバース構成企業（銘柄）をアムンディによるＥＳＧ格付けで5段階にグループ分けしポートフォリオ（五分位ポートフォリオ）[*30]を組成し、それぞれのリターンを比較しています。

① 株式

スプレッドリターン分析

ＭＳＣＩ北米、同ヨーロッパ（ＥＭＵ）、日本について２０１０年1月から２０１９年6月まで（日本は２０１７年12月まで）の期間で、五分位ポートフォリオを四半期ごとにリバランスしてリターンを計測しました。評価最上位と最下位のポートフォリオのリターンの差＝スプレッドリターンをＥＳＧそれぞれ単体と総合評価について算出しました（図表4－11）。

２０１０年から２０１３年にかけては、ＥＳＧ要因とリターンの関係はマイナスでした。しかし、２０１４年からの期間を見ると符合自体が逆転して、ＥＳＧ評価が高いこととリターンが正の関係を示しています。翌年の２０１５年、９月に国連がＳＤＧｓ採択、

図表4-11 米・欧株式ポートフォリオのESGスプレッドリターン

3期の比較：2010-13年、2014-17年、2018-19年（6月まで）

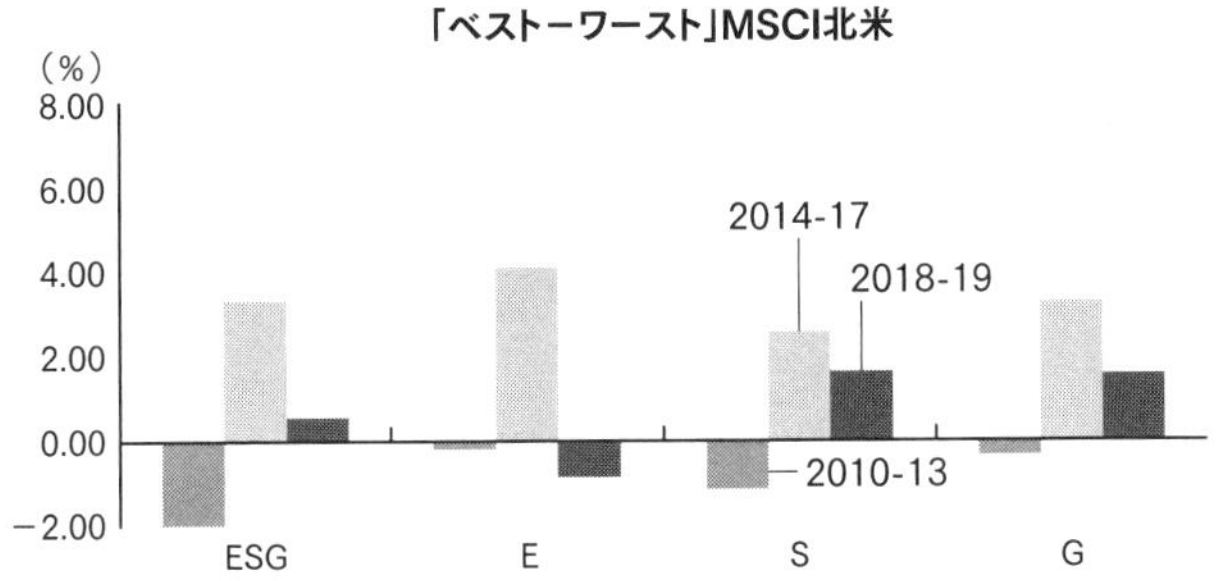

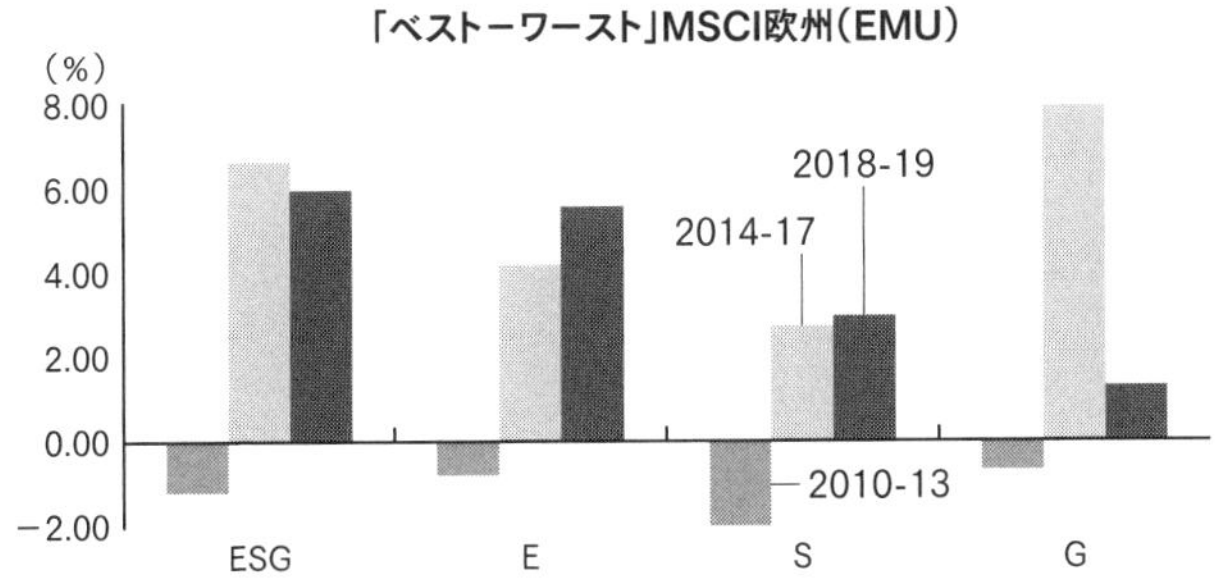

注：グラフの縦軸は年率化した分位ポートフォリオのリターン差（第1分位－第5分位）
出所：アムンディ

気候変動に関しては12月のＣＯＰ21（第21回気候変動枠組条約締約国会議）でパリ協定採択、など責任投資に関連する多くの動きがありました。市場はこれを先取りしたように思えます。

欧州と北米の比較をすると、全般的に欧州における効果のほうが高いことは、特に気候変動に関連して、国やＥＵレベルでの新たなルールが制定され、アセット・オーナー、アセット・マネジャーの行動がこれに従っているためだと解釈できます。

また、２０１８年から２０１９年にかけての動きで、例外的に符合が逆向きになっているのが、米国の環境（Ｅ）です。２０１７年からのトランプ政権の下でパリ協定から脱退するなど、それまでと方針が転換したことが影響しているものとも考えられます。ただし、２０２１年からの民主党政権でパリ協定に再加入し、積極的に環境問題に取り組む姿勢を示していることから、Ｅとリターンの関係を示す符合も再び正に転じることが予想されます。

なお、棒グラフの高さを細かく追うと、例えば欧州のＧのようにリバーサル的な動きも認められます。

日本については、２０１７年12月までの分析です（図表４－12）。２０１０年から２０１３

図表4-12　日本株ポートフォリオのESGスプレッドリターン

2期の比較：2010-13年と2014-17年

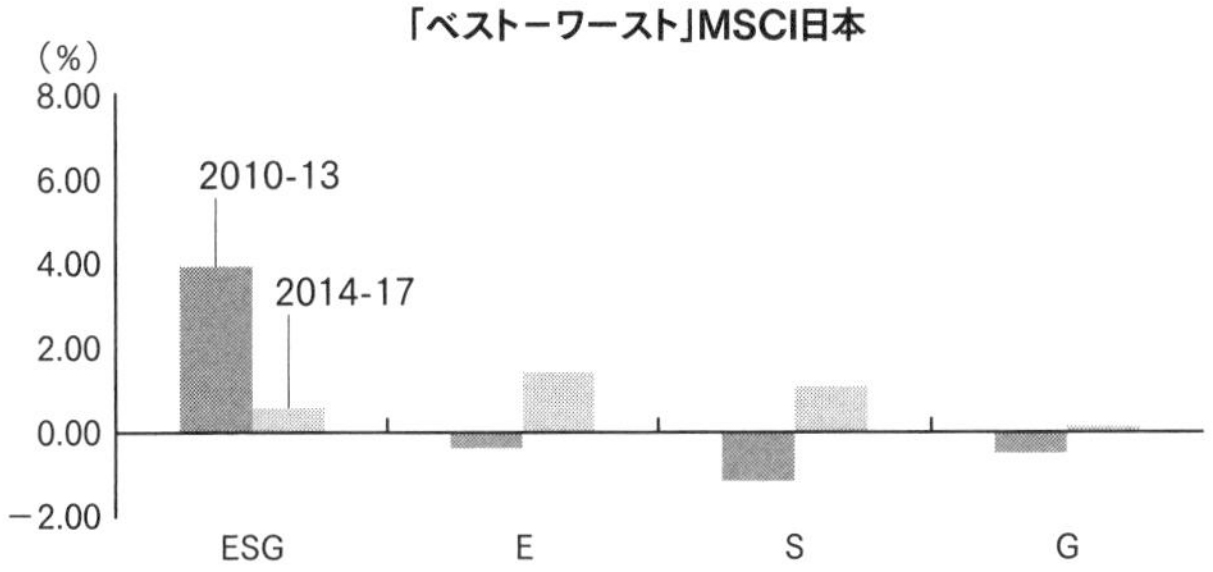

注；グラフの縦軸は年率化した分位ポートフォリオのリターン差（第1分位－第5分位）
出所：アムンディ

年で見ると、個別のＥＳＧ評価とスプレッドリターンはマイナスの関係でしたが、２０１４年から２０１７年にはプラスに転じています。ＥＳＧ総合評価で見ると、２０１０年から２０１３年の期間のほうが、２０１４－２０１７年の期間よりも高くなっています。２０１４－２０１７年の五分位ポートフォリオのリターンを見ると、第２から第４分位のポートフォリオのリターンが第１と第５分位よりも高かったことが原因です。

このように、これまでの分析では、ＥＳＧ評価と株式リターンはまだ弱い関係にとどまっています。ただし、日本でもより多くの市場参加者がＥＳＧ情報を投資判断に反映させている昨今を考えると、直近データで見た場合には、より明確になっているものと期待されます。

「ファクター・セレクション」

こうしたESGが株式のリターンの変動を説明する新たなファクター（＝ベータ）になるのか、あるいは、あくまでも個別銘柄要因（＝アルファ）としてとらえられるべきものでしょうか。

アムンディでは、「ファクター・セレクション・モデル」として、MSCI北米とユーロ圏を構成する銘柄のリターンの重回帰分析に1つ制約を加えて、より少ない変数で当てはまりが高い係数の推定を実施しました。[*31] この分析では、クオリティ、低ボラティリティ、モメンタム、バリューという広く用いられているファクター[*32]にESGスコアを加えた5つを説明変数に用いています（期間は2014年から2019年）。

北米とユーロ圏の結果を図表4－13に示します。北米では、クオリティが最初に説明変数として表れ、その後、制約を緩和するとESGがこれに続きました。しかし、さらに制約を緩めるとESGの感応度は反転し、最終的にはモメンタムやバリュー、低ボラティリティに劣後する結果となっています。つまり、他のファクターと比較して、ESGスコアの情報は、ポートフォリオの分散にはあまり貢献しないことがわかります。

一方、欧州では、最初にESGスコアが説明変数として登場し、一定の感応度を維持し

図表4-13 **ファクター・セレクション**

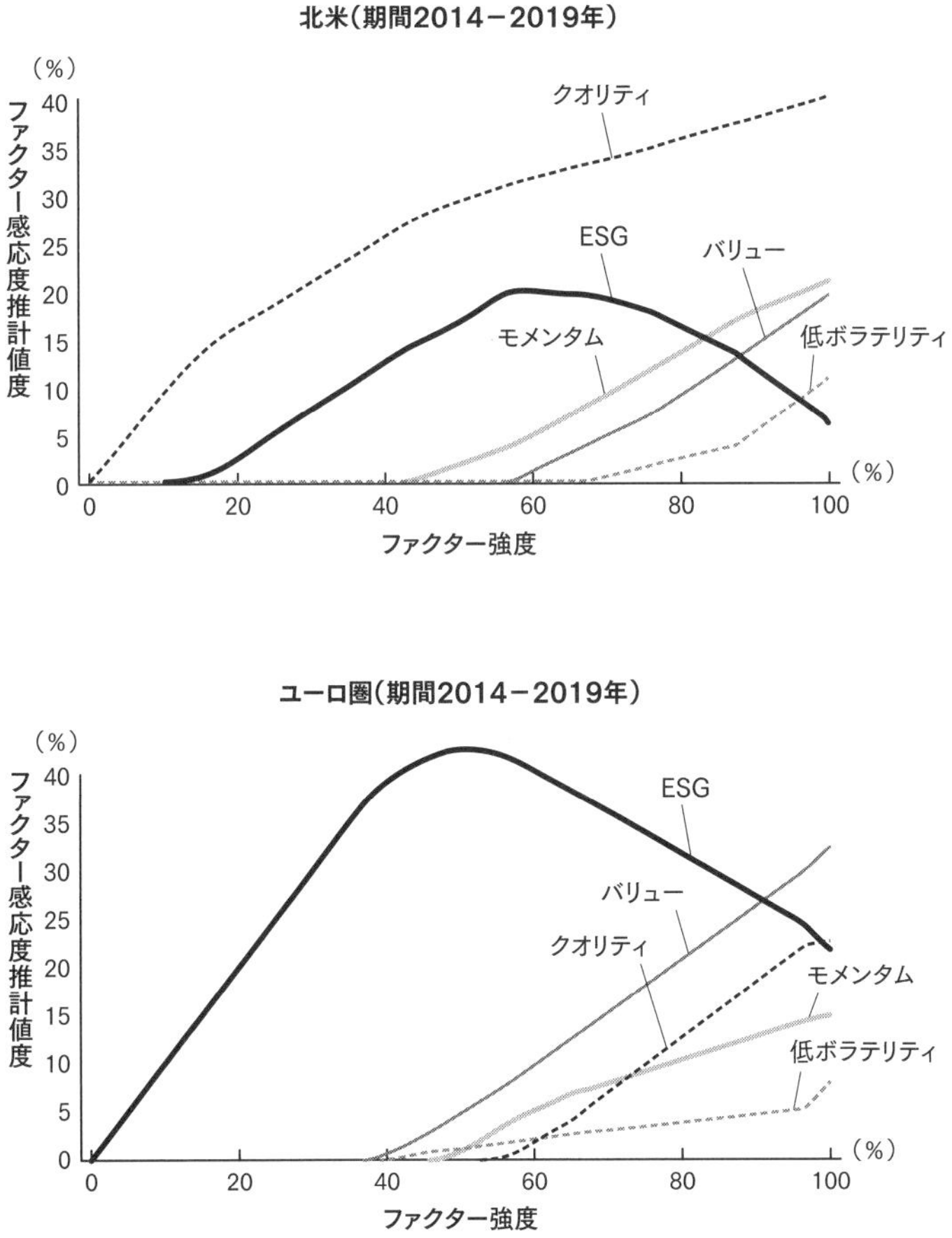

出所：アムンディ

ています。制約をなくした場合でも、バリューに続き、クオリティとならぶ説明変数であることが示されています。この分析結果からすると、ESGがもたらす情報の位置づけは、北米ではアルファとして、ユーロ圏ではベータとしてとらえることができます。

②社債

ESGスコアと社債リターン

債券投資の世界では、債券を発行する発行体がきちんと約束通りに元利払いを行えるのか否かを評価する指標として、信用格付が広く利用されています。

信用格付は、主に現在の財務諸表から算出される財務の安定性、発行体の主な事業分野の成長性・収益性、その中での事業計画・資金調達計画の評価など、ある程度数値化することができるデータに基づいて付与されますが、ESG評価は非財務情報の評価と言えます。将来のどこかの時点では財務情報に反映されるリスクかもしれないけれど、現時点では、それがそもそも実現するのか、実現するとしてそれがいつなのか、実現した場合の影響の大きさがどの程度なのか、非常に見通しにくいリスクであり、現時点で数値化して財務諸表などで開示することが難しいことから、ESG評価が債券のリターンに与える影響もとらえにくいと考えられます。

スプレッドリターン分析1

株式について行ったスプレッドリターンの分析をユーロ建ておよび米ドル建て投資適格社債ベンチマーク（ICE BoA Large Cap Corporate Bond Index、除くディストレスト債券）を構成する社債リターンが同年限の国債のリターンを上回る部分（これを社債の超過収益率と呼びます）を対象に行いました。期間は2010年1月から2019年8月です。

ユーロ建てと米ドル建ての結果を図表4－14に示します。

ユーロ建ての投資適格社債について見ると、株式で観察されたのと同様に、2014年以降、ESG評価とクレジットの超過リターンが整合的になっていることがわかります。一方、ドル建てではそのような傾向が認められません。

ただし、ユーロ建てで見られたこの現象はESGスコアの高さが企業のファンダメンタルズに何らかの影響を及ぼし企業価値が高まった、と判断するのは早計かもしれません。前述のグリーンボンド市場の急拡大が見られたのと同時期からこのような傾向が強まって

図表4-14 投資適格社債のESGスプレッドリターン

ユーロ建て投資適格社債

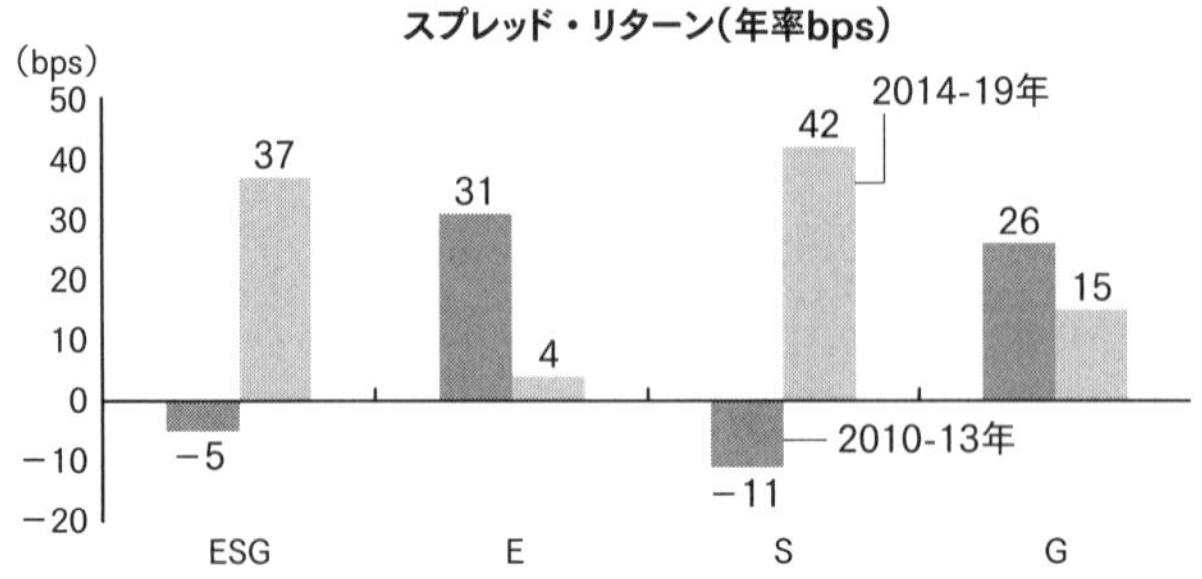

米ドル建て投資適格社債

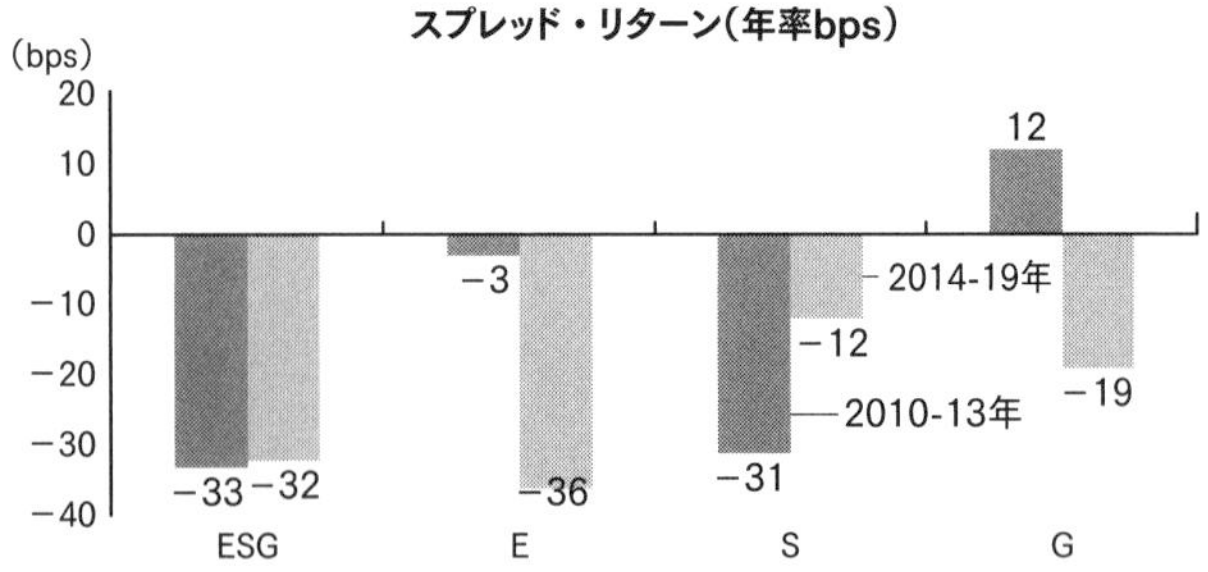

手法：Amundiが算出するESGスコアを基に、ユーロ建て社債　ICE BoA Large Cap Corporate Bond Indexを構成する社債（除くディストレスト債券）でセクターごとに等ウェイトで5分位ポートフォリオを作成。各分位でセクター・ポートフォリオをベンチマークのセクター構成比で加重し、Q1（ベスト・イン・クラス）からQ5（ワースト・イン・クラス）を設定。月次リバランス。期間2010年1月から2019年8月。社債リターンから金利リスクやイールドカーブの影響を控除したクレジット・リターンを表示。

出所：Amundi Research（January 2020）ESG Investing and Fixed Income It's Time to Cross the Rubicon, Discussion Paper

いると考えると、ＥＳＧスコアが高い銘柄に投資家の買いが集まりやすくなった結果、債券価格が相対的に高くなったと考えるほうが自然であるようにも思えます。

スプレッドリターン分析２――地域別

今度は、２０１４年から２０１９年までの期間で、それぞれのユニバースを構成する銘柄の発行体の所在地でさらに細かく見てみると、興味深い結果が得られました（図表4－15）。

債券が発行された通貨にかかわらず、欧州の発行体は、ＥＳＧ評価が高いとクレジットの超過リターンもプラスになっていることがわかります。一方、北米の発行体はこれとは正反対を示しています。株式で観察されたように、社債の世界でも、欧州企業がＥＳＧに対して積極的に取り組み、市場もそれを評価していることを表しています。

コロナ禍の市場で見えたＥＳＧ債券投資の効果

もう１つの実証研究は、ＥＳＧスコアが社債リターンに与える影響について興味深い示唆を与えてくれます。この実証研究では、社債超過収益率を７つの要素で説明しようとし

図表4-15 ESGスプレッドリターンの「米欧格差」

期間：2014-2019年

ユーロ建て投資適格社債（年率bps）

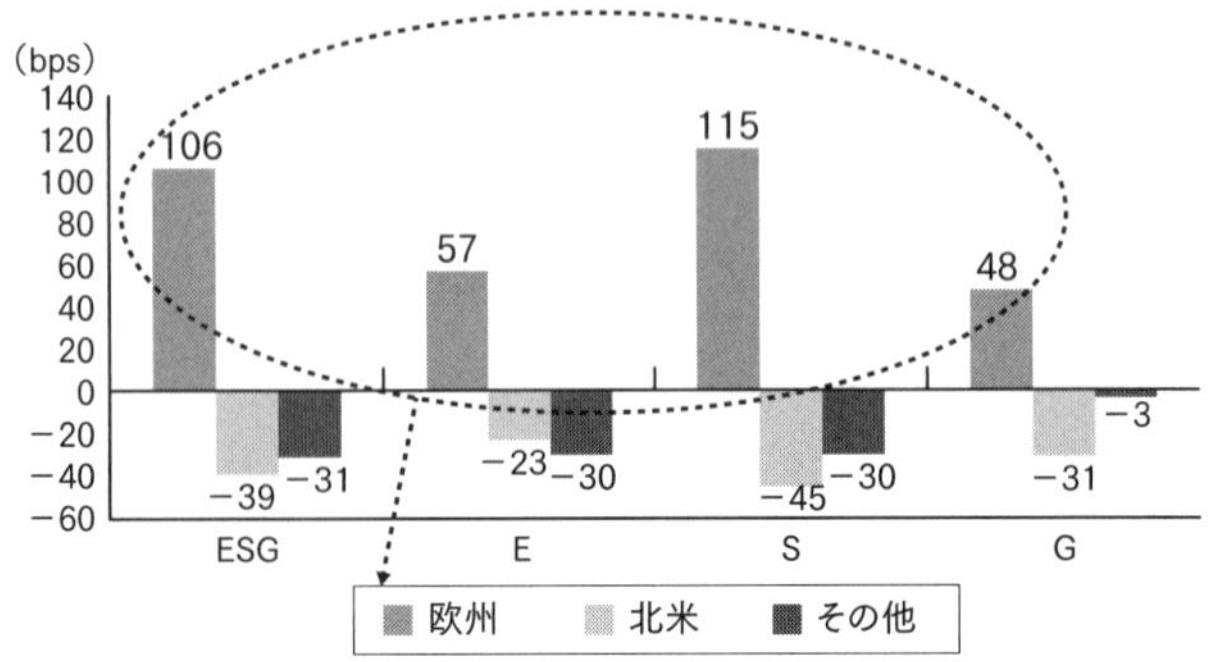

米ドル建て投資適格社債（年率bps）

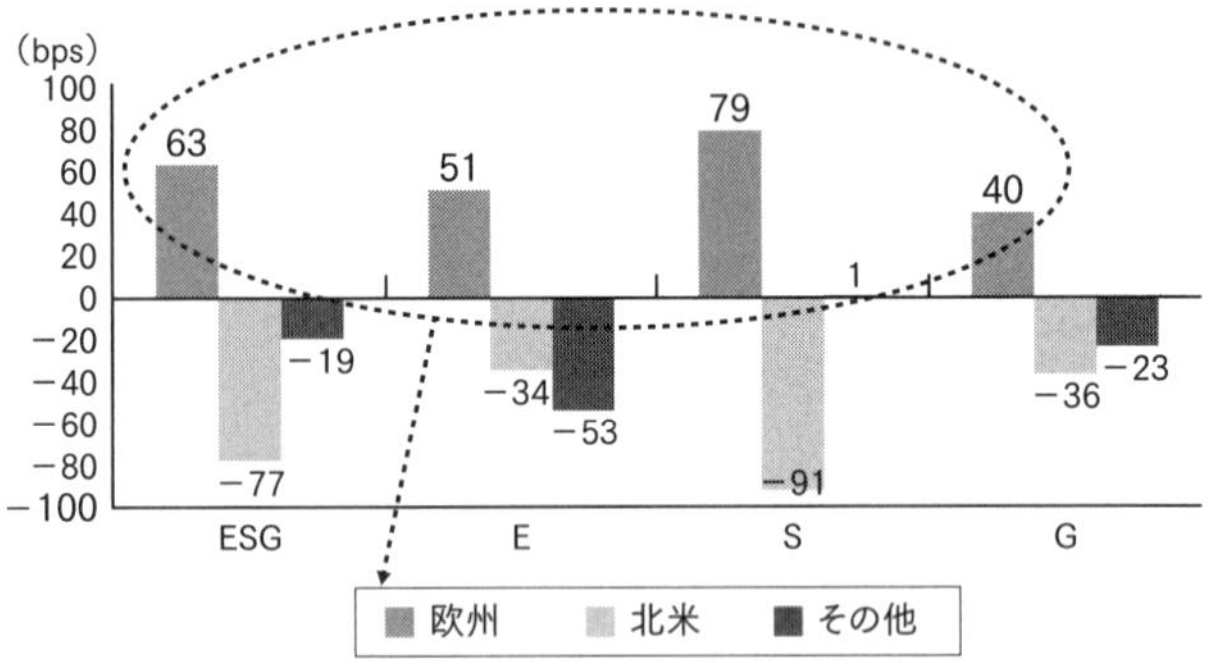

出所：Amundi Research（January 2020）ESG Investing and Fixed Income It's Time to Cross the Rubicon, Discussion Paper

たときに、どの要素がより強く影響しているかを回帰分析を用いて調べています（図表4－16）。

分析手法は、株式の「ファクター・セレクション」と同じです。説明する要素は、DTS（信用リスクの大きさを表す指標）、デュレーション（金利リスク）、流動性、割安度、市場の勢い、債務規模、およびESGスコアで、調べた期間は先ほどの実証研究でもESGスコアが社債超過収益率に影響を与え始めたと考えられる2014年から新型コロナウイルス感染拡大により世界経済が混乱した2020年7月までです。

この分析により、2つのおもしろいことが導き出されました。図表4－16に示しているのは、各計測期間において、クレジット超過収益率に各要素が与えた影響の大きさで、1が最も大きく、7が最小を表しています。

新型コロナウイルス感染拡大により市場が混乱する前の2020年2月までの期間は、社債の超過収益率がプラスに寄与していた時期ですが、このプラスの超過収益率をもたらすのに最も寄与したのがDTS（信用リスクの大きさ）、次に割安度と続きますが、ESGスコアの高さは3番目に大きな影響力を持っていたことがわかります。

一方で、新型コロナウイルス感染拡大の影響で経済活動が停滞したために株式市場が大

図表4-16 ESG要素の影響

計測期間	社債超過収益率決定要因の影響度の順位						
	信用	金利	流動性	割安度	勢い	債務	ESG
2014年-2020年1月	1	5	4	2	7	6	3
2014年-2020年2月	1	5	4	2	7	6	3
2014年-2020年3月	2	4	3	1	5	6	7
2014年-2020年4月	2	5	4	1	6	3	7
2014年-2020年5月	2	5	4	1	6	3	7
2014年-2020年6月	2	5	4	1	6	3	7
2014年-2020年7月	2	5	4	1	6	3	7

注：1）簡略化して表示している決定要因はそれぞれ以下のとおり。
信用：DTS（信用リスクの大きさを表す指標）、金利：デュレーション（金利リスク）、流動性：流動性スコア、割安：割安度、勢い：モメンタム、債務：発行体の債務規模、ESG：当社ESGスコア
2）データ出所：ICE BofA Merrill Lynch CapCorporate Bond Index を使用し、Amundiが算出
出所：Amundi Research（January 2020）ESG Investing and Fixed Income It's Time to Cross the Rubicon, Discussion Paper

きく下落している２０２０年３月以降まで計測期間を延ばしたデータで分析すると、社債市場が下落したことにより生じたマイナスの超過収益率は、ＥＳＧスコアの高さの影響を最も受けていないことが示されました。

つまり、ＥＳＧスコアがクレジット市場の下落に与える影響は限定的であり、ＥＳＧスコアが高い銘柄を多く保有していることは、このような下落局面では一種のヘッジのような役割があると解釈することができます。

2　エンゲージメントの効果

東京工業大学の井上光太郎教授は、複数の機関投資家から提供を受けたエンゲージメント活動の記録（ログ）からパネルデータを作って分析に取り組んでいます。[*33]

現在、公開されているディスカッションペーパーによると、エンゲージメントの効果として、ガバナンス面では、社外取締役比率は上昇、政策保有株式簿価比率は低下、買収防衛策の取り下げ、役員株式保有比率が上昇するという改善傾向が示されています。また、財務面では、ＲＯＥが改善する傾向も観察されています。

この研究は、ガバナンス改革を通じてうながされた市場との対話が一定の成果に結びついているという示唆を与えています。今後、参加する機関を拡大させ、分析期間を延ばしたときにどのような結果が得られるか、興味深いところです。

おわりに　ＥＳＧの未来

「ＥＳＧが（超過）リターンに結びつくのか」という点はアセット・マネジャーが必ず受ける質問です。また、ある企業の財務担当役員の方からは、社内から「ＥＳＧをやって本当に企業価値が上がるのか」という質問が投げかけられる、という話をうかがったこともあります。

両者は、これまでの投資や経営にシステムでは（十分に）認識されていなかった事柄を受け入れるための「壁」を表しているのだと思います。

ＥＳＧに対する関心が強まる中で、市場参加者の投資判断の中にガバナンスおよび環境、社会の観点で行った評価を取り入れる動きが広がっています。これが、市場の需給に反映され、ＥＳＧ評価が高い企業・発行体の株式や社債が買われている、あるいは、買われつつある、というのが昨今の状況ではないでしょうか。

しかし、市場にはサイクルがあります。市場参加者が投資機会を探す中で割高になった価格水準に対してはどこかで調整が入るものです。その投資の期待リターンが低下するからです。そのとき、「やっぱりＥＳＧは儲からない」という声に押され、今広がっている責任投資への取り組みも熱が冷めてしまうのでしょうか。ここでいくつか考えておきたいことを記します。

常に生まれる新たな情報

第1章や第3章で述べた企業の価値創造プロセスは、決して静的ではありません。経済社会の課題を把握し潜在的なニーズを見出すために、それぞれの主体が取り組みを続ける中で、技術で可能な領域や活用しうる資本の制約、社会的な価値観も変化していきます。企業には、ビジネスを持続可能にするために重要課題に対して絶えず適応することが求められます。つまり、この過程を通じて、リスクあるいは機会として認識され、価格に反映されるべき新たな情報は常に生まれ続けるのです。

まだ市場は、企業のＥＳＧを含む非財務情報の多くを織り込めていません。国や地域における政策を通じた制度設計に違いがある一方、ＩＦＲＳ財団などによる開示基準の標準化は緒についたばかりで、情報を利用する投資家の側でもプロセスに反映する方法や度合いもまちまちであるのが現状です。

しかし、気候変動の分野においてTCFDのフレームワークを軸にコンセンサスが形成されているように、今後、ESGに関する開示については方法論が整理され、情報を組成し、あるいはアクセスするためのコストも低減していくことが期待されます。

こうして見ると、ESGを投資プロセスに取り入れることは、今後の投資において当たり前のことになるように思います。

システムの変更を！

株主資本主義は、それぞれの主体で短期の利益極大化をひたすらに目指すシステムです。これに対して、広くステーク・ホルダーの利益を考慮する考え方の下では、これまでの意思決定の過程が認識せず、その外に置いてきた「負の外部性」を内生化することが求められます。

この過程は、過大な負担を将来世代にかける「レバレッジ」を解消しながら「あるべき姿」に戻るプロセスとも考えることができます。気候変動に対応するためのR&Dや設備投資は自ずと足元の収益性にはマイナスとなるかもしれません。こうした決定は、行動経済学でも言われているように、どうしても今を重視する人類には受け入れることが難しい選択です。

しかし、この結果、現世代の利益は減少せざるをえませんが、将来世代においては負の外部性が減少する、つまり、マイナスのマイナスでプラスになるわけです。問題は、この将来の「プラス」は社会に帰属するもので、投資を行った主体に直接帰属させることはできない点です。

必要なのは、システムの変更ではないでしょうか。投資評価の時間軸を長期化することと、将来の社会のプラスを「自分ごと」として評価することです。少々抽象的に言うと、短期の投資リターンが低下して「効用」が減少してしまっても、将来の社会に対するインパクトを通じた「効用」の増加がこれを補うと考えるのです。[*34] そうすれば、今後たとえ目先の期待リターンが低下したとしても、より長期の観点から投資を継続するという判断がありうるのです。

多岐にわたるEやSの課題において、実務的に何をもってインパクトとするか、測定可能なのかという問題はあります。現状で言えば、喫緊の課題である気候変動に関しては、温室効果ガスの排出量などを用いて数値化することが可能です。このシステムの可能性については、前項でも述べた今後の非財務分野におけるルール開示制度の整理の進展を見守りたいところです。

近年、ESG、責任投資の領域では、以前はバラバラだった環境、社会、経済、政治が1つのつながりとなり課題に取り組み始めています。そこに、未来の主導権を巡る国家間の競争も加って、かなり速いスピードで物事が動いています。日本の企業も投資家も、この流れを注視し、それぞれに行動を起こすことが強く求められています。

注一覧

1　Human Capital Management Disclosure, Recommmendation of the Investor Advisory Committee, March 28, 2019

2　Porter and Kramer (2011), Creating Shared Value, Harvard Business Review January-February 2011

3　Global Footprint Network 世界の70以上のＮＧＯや研究機関で構成される団体。

4　既存技術と資源管理手法を前提に、人間の活動に必要な資源を再生産し、排出物を吸収・浄化するための負荷を地球上の陸地や海面の面積で示す指標。

5　https://www.epi.org/productivity-pay-gap/

6　２０１７年改訂スチュワードシップコード　原則３指針３－３「把握する内容としては、例えば、投資先企業のガバナンス、企業戦略、業績、資本構造、事業におけるリスク・収益機会（社会・環境問題に関連するもの*を含む）及びそうしたリスク・収益機会への対応など、非財務面の事項を含む様々な事項が想定される…」　*ガバナンスと共にＥＳＧ要素と呼ばれる。

7　２０２０年再改訂スチュワードシップコード　原則１指針１－１「機関投資家は、投資先企業やその事業環境等に関する深い理解のほか運用戦略に応じたサステナビリティ（ＥＳＧ要素を含む中長期的な持続可能性）の考慮に基づく建設的な「目的を持った対話」（エンゲージメント）などを通じて、当該企業の企業価値の向上やその持続的成長を促すことにより、顧客・受益者 の中長期的な投資リターンの拡大を図るべきである。」

8　スチュワードシップ・コードの受入れを表明した機関投資家のリストの公表について（令和３年４月30日時点）https://www.fsa.go.jp/singi/stewardship/list/20171225.html

9　ＣＯ２排出量当たりの営業利益（出典：https://www.0101maruigroup.co.jp/ir/management/3business_

01.html

10 サーキュラー売上高・取扱高÷小売総取扱高（同右）

11 ２０２２年4月よりスタートする東証の新しい市場区分の１つで、グローバルな投資家との建設的な対話を中心に据えた企業向けの市場（出典：https://www.jpx.co.jp/equities/market-restructure/market-segments/index.html）。

12 「アセットオーナー・サーベイ２０２０」

13 小園めぐみ、「ＥＳＧ投資と機関投資家の受託者責任の関係についての一考察」、IMES Discussion Paper Series　2020-J-12、（２０２０年８月）を参照。

14 「積立金の管理及び運用が長期的な観点から安全かつ効率的に行われるようにするための基本的な指針の一部を改正する件」総務省、財務省、文部科学省、厚生労働省、告示第一号、２０２０年７月21日

15 「確定給付企業年金に係る資産運用関係者の役割および責任に関するガイドライン」平成29年11月８日

16 Jeremy Rifkin, The Green New Deal

17 BTPS Climate Change Policy, https://www.btps.co.uk/MediaArchive/SchemeSite/BTPS%20Climate%20Change%20Policy%20September%202020.pdf

18 この背景に、英国政府が打ち出した「グリーンファイナンス戦略」があり、上場企業と大手アセット・オーナーは、２０２２年までにＴＣＦＤフレームワークによる気候変動リスクの開示が求められています。

19 ２０２０年のＪＳＩＦの集計では、約３１０兆円、運用資産に占める割合は51・６％。

20 Robb(2019) *Willful, How We Choose What We Do*

21 2021年6月から国際統合報告書評議会IIRCとサステナビリティ会計基準審議会SASBがバリューレポーティング財団（Value Reporting Foundation）を構成する一方、IFRS財団も国際サステナビリティ基準審議会を設立する意向を示すなど持続可能性に関するルールの標準化に向けた動きが見られます。

22 アムンディが2016年4月時点で計測したMSCIとSustainalytics による公益企業に対するESG総合および環境評価の相関係数はそれぞれ0・57と0・53でした。

23 Politics Economics, Society, Technology

24 Global Sustainable Investment Alliance

25 Slimane et al (2020) Facts and Fantasies about the Green Bond Premium, Working Paper 102-2020, Amundi Research

26 ICMAのSBPでは、貧困ラインを下回る所得で暮らす人々、生きていく上で必要な物資やサービスを十分に受けることができない人々、女性や性的少数派、障がいを持つ人々、などを対象として、上下水道など基本的な衛生上のインフラ整備、医療や教育、職業訓練の機会や金融サービスへのアクセス提供、所得格差を減らすための社会や経済活動への公平な参画機会の提供などが、資金使途の例として示されています。

27 地球上にある水資源で真水は2・5%、そのうちほどんどは氷や地下水であり経済的・技術的に利用可能な真水の割合は1%以下と報告されています。The Water Problem, Global Policy Forum October 8, 2007 https://archive.globalpolicy.org/the-dark-side-of-natural-resources-st/water-in-conflict/40385.html

28 アムンディ・グループの1つ KBI Global Investors が運用する Water Strategy

29 Final Report on Draft Regulatory Technical Standards, Joint Committee of the European Supervisory

Authorities, 2 February 2021

30 アムンディのＥＳＧスコアはバイアスが生じないようセクターごとに正規化されています。株式ポートフォリオについては、それぞれのグループを構成する株式を等ウェイトで、社債のポートフォリオは、各分位でまずセクターごとに等ウェイトでサブ・ポートフォリオを作ったのち、ベンチマークのセクター構成比率でサブポートフォリオを加重し、分位ポートフォリオを作っています。

31 ラッソ回帰：各係数の絶対値の合計に上限を設定して、最小二乗法で説明変数の係数を推定する方法。上限値を引き下げると、より限られた中で高い感応度を持つ説明変数が採用されます。

32 ユニバース構成銘柄でファクターごとに5分位ポートフォリオを作成し、第1五分位ポートフォリオのリターンを使用

33 日高、池田、井上「機関投資家によるエンゲージメントの動機および効果」（２０２１年）「機関投資家によるエンゲージメントの動機および効果」ＲＩＥＴＩディスカッション・ペーパー

34 参考 Pastor et al (2021), Sustainable Investing in Equilibrium, NBER Working Paper Series, http://www.nber.org/papers/w26549

【編者紹介】

アムンディ・ジャパン

欧州を代表する資産運用会社であるアムンディは、世界トップ10*1にランクインしており、1億を超える、個人投資家、機関投資家および事業法人のお客さまに、伝統的資産や実物資産のアクティブおよびパッシブ運用による幅広い種類の貯蓄および運用ソリューションを提供しています。35ヵ国を超える国と地域で約4,800人の従業員の専門知識と助言をお客さまに提供し、クレディ・アグリコル・グループ傘下で、ユーロネクスト・パリ市場に上場し、約240兆円*2の資産を運用しています。

ESG投資の歴史も長く、1989年に初の「エシカル・ファンド」設定以来積極的な取り組みを続け、約105兆円*2のESG投資を行っています。2003年にESG分析の専門部署を設置。2006年の「責任投資原則（PRI）」制定当初からの署名機関であり、2020年のPRI年次評価結果ではすべてのカテゴリーでA+（最高位）を獲得。責任投資アプローチに関するモジュールで6年連続A+を獲得しています。

*1　出所：IPE資産運用会社トップ500社（2021年6月版）

*2　2021年6月末日現在

ESG入門　新版

2018年9月19日　1版1刷
2021年10月13日　2版1刷

編　者　アムンディ・ジャパン

発行者　白石　賢
発　行　日経BP
日本経済新聞出版本部
発　売　日経BPマーケティング
〒105-8308 東京都港区虎ノ門4-3-12

ブックデザイン　尾形忍（Sparrow Design）
印刷／製本　シナノ印刷
本文DTP　マーリンクレイン
ISBN978-4-532-35900-3

Printed in Japan